Fischer / Lilla / Wittrock (Hrsg.)
DVFA-Performance Presentation Standards®

DVFA-Kommission für Performance Presentation Standards
DVFA Commission for Performance Presentation Standards

DVFA-Performance Presentation Standards®

2. erweiterte Auflage
2nd revised edition

herausgegeben von / edited by

Bernd R. Fischer, Ph.D.
Jörg Lilla
Dr. Carsten Wittrock

DVFA, Dreieich 2000
Deutsche Vereinigung für Finanzanalyse und Asset Management
German Society of Investment Analysts and Asset Managers

Aus dem Deutschen übersetzt von/Translated from German by
Katherine Whitmore, Washington D.C., U.S.A.,
in Zusammenarbeit mit den Herausgebern/in co-operation with the editors

DVFA-Performance Presentation Standards®
(2. erweiterte Auflage/2nd revised edition, Deutsch/Englisch).
DVFA-Kommission für Performance Presentation Standards,
hrsg. von Bernd R. Fischer, Ph.D., Jörg Lilla und Dr. Carsten Wittrock
Dreieich: DVFA, 2000.

ISBN 3-928759-05-1

DVFA, Einsteinstraße 5, D-63303 Dreieich
E-Mail: info@dvfa.de, Internet: www.dvfa.de

Vorwort
Preface

Preface to the Second Edition

Since its publication in September 1998, the DVFA-Performance Presentation Standards® have been the focus of considerable attention in Germany as well as abroad. Numerous asset management companies have decided to present their performance according to the DVFA-PPS and to confirm their compliance – as recommended by the Standards – by an independent verifier.

In April 1999, the official version of the Global Investment Performance Standards (GIPS™) approved by the AIMR Board of Governors' were published. These contain a number of changes to the draft published in February 1998. With this in mind, the DVFA-PPS needed to be reviewed in order to assure their continued international acceptance. Moreover, practical experience demonstrated that there was need to further clarify the Standards on some points.

The changes were approved by the DVFA Commission for Performance Presentation Standards in July 1999 with the following modifications:

- Entities are permitted to define a minimum volume below which portfolios are excluded from being included in a composite (3.5.11);
- in the context of a restructuring in the financial services sector, guidelines for the management of historical results in the event of mergers or take-overs have been included (3.7.7);
- the requirement that the method used to allocate cash returns in the event of carve-outs be revealed was included (3.7.13 c);
- the comparison of composites with a representative benchmark was defined as a guideline in the new version of the DVFA-PPS (3.7.15);
- the designation of a minimum performance history that must be presented was modified (4.1.2);
- the means by which information that does not comply with the DVFA-PPS may be presented was determined (4.1.5).

In addition, a series of recommendations and guidelines were slightly modified. The goal of this was to draft them more clearly and with a more streamlined notation. The section on "Examples and Illustrations" was fundamentally revised.

Vorwort zur zweiten Auflage

Seit ihrer Veröffentlichung im September 1998 haben die DVFA-Performance Presentation Standards® sowohl in Deutschland als auch im Ausland große Beachtung gefunden. Zahlreiche Vermögensverwaltungsgesellschaften haben sich bereits entschieden, die Darstellung ihrer Managementleistung an den DVFA-PPS auszurichten und sich ihre korrekte Anwendung – wie in den Standards empfohlen – durch unabhängige Sachverständige bestätigen zu lassen.

Seit April 1999 liegt die von dem "AIMR Board of Governors" offiziell verabschiedete Fassung der Global Investment Performance Standards (GIPS™) vor, die gegenüber dem im Februar 1998 veröffentlichten Entwurf eine Reihe von Änderungen enthält. Um die internationale Akzeptanz der DVFA-PPS weiterhin zu gewährleisten, war deshalb ihre Überarbeitung erforderlich. Die inzwischen vorliegenden praktischen Erfahrungen haben darüber hinaus gezeigt, daß bezüglich einiger Punkte in den Standards noch Klärungsbedarf besteht.

Die entsprechenden Änderungen wurden von der DVFA-Kommission für Performance Presentation Standards im Juli 1999 verabschiedet. Dabei wurden im wesentlichen folgende Modifikationen vorgenommen:

- Einheiten wird gestattet, ein Mindestvolumen zu definieren, unterhalb dessen Portfolios aus der Zuordnung zu Composites herausgenommen werden können (3.5.11);
- vor dem Hintergrund der Umstrukturierungen in der Finanzdienstleistungsbranche wurde eine Richtlinie zur Behandlung historischer Ergebnisse im Rahmen von Fusionen und Übernahmen eingefügt (3.7.7);
- die Forderung nach der Darstellung der Methode zur Allokation von Performancebeiträgen von Liquidationspositionen bei der Bildung von Carve-Outs wurde neu aufgenommen (3.7.13 c);
- der Vergleich von Composites mit einer repräsentativen Benchmark wurde in der neuen Ausgabe der DVFA-PPS als Richtlinie formuliert (3.7.15);
- die Bestimmung über die mindestens auszuweisende Performancehistorie wurde modifiziert (4.1.2);
- die Verfahrensweise bei der Darstellung von Informationen, die sich nicht in Übereinstimmung mit den DVFA-PPS befinden, wurde geregelt (4.1.5).

Darüber hinaus wurden eine Reihe von Empfehlungen und Richtlinien geringfügig modifiziert. Dies hatte vor allem den Zweck, sie klarer zu formulieren und die benutzte Notation einheitlicher zu gestalten. Der Teil "Beispiele und Erläuterungen" wurde gründlich überarbeitet.

All changes have been integrated in the second edition of the DVFA-PPS, which came into effect on 1.1.2000 and replaced the first edition.

Given the large demand, also from abroad, an English version of the DVFA-PPS was commissioned for international use. This version includes also a comparison between the DVFA-PPS and the GIPS, demonstrating on which points the Standards differ.

The editors wish to thank the members of the DVFA Commission for Performance Presentation Standards for their participation in the formulation and new drafting of the Standards.

April 2000
Bernd R. Fischer, Ph.D., Jörg Lilla, Dr. Carsten Wittrock

Sämtliche Änderungen sind in der zweiten Auflage der DVFA-PPS integriert, die zum 1.1.2000 in Kraft trat und die erste Auflage ablöst.

Aufgrund der großen Nachfrage auch von ausländischen Interessenten wurde eine englischsprachige Version der DVFA-PPS für den internationalen Gebrauch erstellt. Daneben zeigt eine Gegenüberstellung der DVFA-PPS mit den GIPS, in welchen Punkten sich die Standards unterscheiden.

Die Herausgeber danken den Mitgliedern der DVFA-Kommission für Performance Presentation Standards für ihr Engagement bei der Formulierung und Neugestaltung der Standards.

Im April 2000
Bernd R. Fischer, Ph.D., Jörg Lilla, Dr. Carsten Wittrock

Inhaltsverzeichnis
Contents

PREFACE .... **VI**

A. GOAL OF THE STANDARDS **2**

B. DVFA PERFORMANCE PRESENTATION STANDARDS **6**

1 Determination and Valuation of Portfolios and Investment Instruments 6

1.1 Guidelines for the Determination and Valuation of Portfolios and Investment Instruments 6

1.2 Recommendations for the Determination and Valuation of Portfolios and Investment Instruments 6

2 Performance Calculation for Portfolios and Composites 8

2.1 Guidelines for Calculating Performance of Portfolios and Composites 8

2.2 Recommendations for Calculating Performance of Portfolios and Composites 8

3 Presentation of Historical Performance Results 12

3.1 Guidelines for the Determination of the Entity 12

3.2 Guidelines for the Determination of the Managed Investments of the Entity 12

3.3 Guidelines for the Presentation of the Entity 12

3.4 Recommendations for the Presentation of the Entity 14

3.5 Guidelines for the Construction of Composites 14

3.6 Recommendations for the Construction of Composites 16

3.7 Guidelines for the Presentation 18

3.8 Recommendations for the Presentation 22

4 Compliance and Verification of the Standards 24

4.1 Guidelines to Compliance with the Standards 24

4.2 Guidelines to Verification of Compliance 26

4.3 Guidelines for Conducting the Verification 28

VORWORT VII

A. ZIELSETZUNG DER STANDARDS 3

B. DVFA-PERFORMANCE PRESENTATION STANDARDS 7

1 Bestimmung und Bewertung von Portfolios und Anlageinstrumenten 7

1.1 Richtlinien zur Bestimmung und Bewertung von Portfolios und Anlageinstrumenten 7

1.2 Empfehlungen zur Bestimmung und Bewertung von Portfolios und Anlageinstrumenten 7

2 Berechnung von Performancewerten für Portfolios und Composites 9

2.1 Richtlinien zur Berechnung von Performancewerten für Portfolios und Composites 9

2.2 Empfehlungen zur Berechnung von Performancewerten für Portfolios und Composites 9

3 Präsentation historischer Performanceergebnisse 13

3.1 Richtlinien zur Bestimmung der Einheit 13

3.2 Richtlinien zur Bestimmung des verwalteten Vermögens einer Einheit 13

3.3 Richtlinien zur Darstellung der Einheit 13

3.4 Empfehlungen zur Darstellung der Einheit 15

3.5 Richtlinien zur Bildung von Composites 15

3.6 Empfehlungen zur Bildung von Composites 17

3.7 Richtlinien zur Präsentation 19

3.8 Empfehlungen zur Präsentation 23

4 Einhaltung der Standards und Bestätigung der Einhaltung 25

4.1 Richtlinien zur Einhaltung der Standards 25

4.2 Richtlinien zur Bestätigung der Einhaltung 27

4.3 Richtlinien zur Durchführung der Prüfung 29

C. EXAMPLES AND ILLUSTRATIONS 38

5 Determination and Valuation of Portfolios and Investment Instruments .. 38

5.1 Comments to the Guidelines 38

5.2 Comments to the Recommendations 40

6 Performance Calculation for Portfolios and Composites 46

6.1 Comments to the Guidelines 46

6.2 Comments to the Recommendations 50

7 Presentation of Historical Performance Results 56

7.1 Definition of the Entity 56

7.2 Construction of Composites 58

7.3 Presentation and Reporting 68

D. APPENDIX 78

8 Dispersion Measures 78

8.1 Min-Max 78

8.2 Simple Standard Deviation 78

8.3 Asset-weighted Standard Deviation 80

8.4 Quartile Presentation 80

E. COMPARISON OF DVFA-PPS WITH GIPS 86

F. DVFA COMMISSION FOR PERFORMANCE PRESENTATION STANDARDS . 96

C. BEISPIELE UND ERLÄUTERUNGEN 39

5 Bestimmung und Bewertung von Portfolios und Anlageinstrumenten 39
5.1 Anmerkungen zu den Richtlinien 39
5.2 Anmerkungen zu den Empfehlungen 41

6 Berechnung von Performancewerten für Portfolios und Composites 47
6.1 Anmerkungen zu den Richtlinien 47
6.2 Anmerkungen zu den Empfehlungen 51

7 Präsentation historischer Performanceergebnisse 57
7.1 Bestimmung der Einheit 57
7.2 Bildung von Composites 59
7.3 Präsentation und Berichterstattung 69

D. ANHANG 79

8 Dispersionsmaße 79
8.1 Min-Max 79
8.2 Einfache Standardabweichung 79
8.3 Volumengewichtete Standardabweichung 81
8.4 Quartildarstellung 81

E. VERGLEICH DVFA-PPS UND GIPS 87

F. DVFA-KOMMISSION FÜR PERFORMANCE PRESENTATION STANDARDS . 96

DVFA-Performance Presentation Standards®

A. Goal of the Standards

Comparing the performance of different asset managers on the basis of realized results is questionable when different performance calculation methods are employed. An appropriate assessment of asset management results presumes – in addition to comparable valuation and calculation methods – a complete, correct and fair disclosure of all relevant information.

National and supranational bodies from the asset management and financial analysis fields, under the leadership of the Association for Investment Management and Research (AIMR), have produced a set of Global Investment Performance Standards (GIPS). GIPS comprise international guidelines that should contribute positively to the comparability of publicized investment performance results.

Global Standards, however, do not always reflect the stage of development or historic aspects of a capital market in their entirety. It is therefore important to establish standards that link country-specific factors and international standards in a balanced way. For this reason, the German Society of Investment Analysts and Asset Managers (DVFA) established the DVFA Commission for Performance Presentation Standards and mandated it to prepare guidelines for the German capital market.

The Commission was founded in January 1997. Members of the Commission are staff of German asset management companies, accounting and auditing companies, performance measurement service providers, as well as representatives of investment clients and universities. Dr. Carsten Wittrock (zeb/rolfes.schierenbeck.associates gmbh) is the elected Chairman. The Commission's tasks are conducted by four working groups under the leadership of Jörg Lilla (BHF-BANK AG) and Bernd R. Fischer, Ph.D. (Dresdner Bank AG).

The Commission has the following objectives:

– Formulate ethical guidelines for the German capital market that standardize the calculation of performance results in investment management.

A. Zielsetzung der Standards

Ein Vergleich der Managementleistung unterschiedlicher Vermögensverwaltungen auf der Basis der erzielten Performanceergebnisse ist fraglich, wenn bei der Berechnung der Wertentwicklung verschiedene Methoden benutzt werden. Neben vergleichbaren Bewertungs- und Berechnungsverfahren setzt eine angemessene Bewertung der Ergebnisse der Vermögensverwaltung auch eine vollständige, korrekte und faire Darstellung aller entscheidungsrelevanten Informationen voraus.

Nationale und länderübergreifende Gremien aus den Bereichen Asset Management und Finanzanalyse haben – unter Federführung der Association for Investment Management and Research (AIMR) – gemeinsam die "Global Investment Performance Standards (GIPS)" erarbeitet. Die GIPS formulieren internationale Richtlinien, die zur Vergleichbarkeit der publizierten Wertentwicklungsergebnisse beitragen sollen.

Globale Standards können den Entwicklungsstand und die historisch gewachsenen Besonderheiten eines einzelnen Kapitalmarkts nicht immer in vollem Umfang berücksichtigen. Aus diesem Grunde besteht die Notwendigkeit zur Formulierung von Standards, die versuchen, länderspezifische Besonderheiten und internationale Standards in angemessener Weise zu verbinden. Die Deutsche Vereinigung für Finanzanalyse und Asset Management (DVFA) hat hierfür die DVFA-Kommission für Performance Presentation Standards etabliert und sie mit der Erarbeitung von Richtlinien für den deutschen Kapitalmarkt (DVFA-Performance Presentation Standards) beauftragt.

Die Kommission wurde im Januar 1997 gegründet. Mitglieder der Kommission sind Mitarbeiter von deutschen Vermögensverwaltungsgesellschaften, Wirtschaftsprüfungsgesellschaften, Performance Measurement-Dienstleistern, Consultingunternehmen sowie Vertreter der Kunden der Investmentbranche und der Hochschulen. Zum Vorsitzenden wurde Dr. Carsten Wittrock (zeb/rolfes. schierenbeck.associates gmbh) gewählt. Die Bearbeitung der Aufgaben der Kommission wird von vier Arbeitsgruppen durchgeführt, die unter der Leitung von Jörg Lilla (BHF-BANK AG) und Bernd R. Fischer, Ph.D. (Dresdner Bank AG) stehen.

Die Kommission hat folgende Zielsetzungen:

- Die Formulierung ethischer Richtlinien für den deutschen Kapitalmarkt, die die Berechnung von Wertentwicklungsergebnissen in der Vermögensverwaltung vereinheitlichen.

- Promote a fair and comparable presentation of these results through the complete disclosure of all relevant information.
- Assure international acceptance through recognition of GIPS as a minimum standard.

Including international regulations in the DVFA Performance Presentation Standards underscores the desire to strengthen the role of Germany as a financial center.

The DVFA Performance Presentation Standards contain guidelines as well as recommendations. In order to be recognized as complying with the Standards, an asset management company must comply with all the guidelines and is encouraged to follow the recommendations.

The goal of classifying the Standards into guidelines and recommendations is to facilitate their acceptance by the asset management sector as rapidly and widely as possible. Regular reviews will be made to determine if the stated recommendations should be converted to guidelines. Similarly, the Standards need to be adapted to domestic and international requirements. The Standards cannot anticipate every circumstance, not to mention every rule or regulation; rather, they form the basis for continual further development in this area. Cases that are not explicitly addressed by the Standards are guided by the basic objectives, in particular the complete disclosure of basic data and procedures.

The following version of the DVFA Performance Presentation Standards becomes effective on 1.1.2000 and replaces the previous version, in effect since 1.1.1999.

- Die Förderung einer fairen und vergleichbaren Darstellung dieser Ergebnisse bei vollständiger Offenlegung der entscheidungsrelevanten Informationen.
- Gewährleistung der internationalen Akzeptanz durch Berücksichtigung der Vorschriften der GIPS als Mindeststandards.

In der Einbeziehung internationaler Regelungen in die DVFA-Performance Presentation Standards drückt sich auch der Wunsch nach einer Stärkung des Finanzplatzes Deutschland aus.

Die DVFA-Performance Presentation Standards beinhalten sowohl Richtlinien als auch Empfehlungen. Für die Inanspruchnahme der Einhaltung der Standards ist die Erfüllung aller Richtlinien auf Ebene der präsentierenden Vermögensverwaltungseinheit Voraussetzung. Darüber hinaus wird der Vermögensverwaltungsgesellschaft nahegelegt, auch die Empfehlungen zu berücksichtigen.

Der Grund für die Unterteilung der Standards in Richtlinien und Empfehlungen ist das Ziel einer möglichst raschen und breiten Übernahme durch die Vermögensverwaltungsbranche. In regelmäßigen Abständen ist zu prüfen, ob die ausgesprochenen Empfehlungen in Richtlinien umgewandelt werden sollen. Ebenso erfolgt eine Anpassung der Standards an nationale und internationale Erfordernisse. Die Standards können, ungeachtet der zahlreichen Regelungen, nicht jeden Sachverhalt abdecken und bilden die Basis für eine permanente Weiterentwicklung. In Fällen, die nicht explizit durch die Standards erfaßt werden, gelten deren grundsätzlichen Ziele, insbesondere die vollständige Offenlegung und Erläuterung der zugrunde liegenden Daten und Vorgehensweisen.

Die vorliegende Version der DVFA-Performance Presentation Standards tritt zum 1.1.2000 in Kraft und ersetzt mit Wirkung vom 1.1.2000 die zum 1.1.1999 in Kraft getretene Version.

B. DVFA Performance Presentation Standards

1 Determination and Valuation of Portfolios and Investment Instruments

1.1 Guidelines for the Determination and Valuation of Portfolios and Investment Instruments

1.1.1 All data and other information necessary to support a firm's performance presentation and to perform the required calculations must be captured and maintained.

1.1.2 Portfolio valuations must be based on market values (not book values).

1.1.3 Portfolios must be valued at least monthly.

1.1.4 In the case of bonds and other fixed-income securities, interest accruals must be included in the calculation of a portfolio's performance across all calculation periods.

1.2 Recommendations for the Determination and Valuation of Portfolios and Investment Instruments

1.2.1 It is highly recommended that portfolios be valued in the event of any exogenous cash flow.

1.2.2 Each performance calculation should be based on trade-date valuation. Use of settlement-date valuation is acceptable, however trade-date valuation is the ideal.

1.2.3 Sources of exchange rates should be the same for the composite and the benchmark. In particular, the point of time in which the rate is set should correspond with that of the benchmark exchange rate.

1.2.4 In performing the valuation, the same source for exchange rates should be used.

1.2.5 Accrual accounting should be used for dividends as of the ex-dividend day. A similar recommendation holds for dividend-like accruals.

B. DVFA-Performance Presentation Standards

1 Bestimmung und Bewertung von Portfolios und Anlageinstrumenten

1.1 Richtlinien zur Bestimmung und Bewertung von Portfolios und Anlageinstrumenten

1.1.1 Alle Daten und andere Informationen, die notwendig sind, um die im Rahmen der Standards vorgeschriebenen Rechnungen auszuführen oder deren Ausweisung durch die Standards vorgeschrieben werden, müssen dauerhaft aufbewahrt werden.

1.1.2 Die Bewertung der Portfolios muß auf aktuellen Marktwerten basieren (nicht auf Buchwerten).

1.1.3 Portfolios müssen zumindest monatlich bewertet werden.

1.1.4 Zinsansprüche bei Anleihen und allen anderen Wertpapieren, bei denen sich Zinsansprüche ergeben, müssen bei der Berechnung der Performance eines Portfolios für alle ausgewiesenen Berechnungsperioden berücksichtigt werden.

1.2 Empfehlungen zur Bestimmung und Bewertung von Portfolios und Anlageinstrumenten

1.2.1 Es wird nachdrücklich empfohlen, Portfolios bei jeder exogenen Mittelbewegung zu bewerten.

1.2.2 Jeder Performancerechnung sollte die "Handelstag"-Bewertung zugrunde liegen. Die "Valutatag"-Bewertung ist zwar zulässig, die "Handelstag"-Bewertung stellt jedoch das Ideal dar.

1.2.3 Die Quelle der Devisenkurse sollte mit der der Benchmark übereinstimmen. Insbesondere sollte der Zeitpunkt der Kursversorgung mit dem Zeitpunkt übereinstimmen, an dem die Benchmark-Devisenkurse ermittelt werden.

1.2.4 Bei der Bewertung sollten für die Devisenkurse stets die gleichen Quellen benutzt werden.

1.2.5 Bei der Performancerechnung sollten Dividenden per Ex-Dividenden-Tag berücksichtigt werden. Eine analoge Empfehlung gilt für zu Dividenden äquivalente Erträge.

2 Performance Calculation for Portfolios and Composites

2.1 Guidelines for Calculating Performance of Portfolios and Composites

2.1.1 Total return must be used. This includes realized and unrealized gains and losses, and all income (interest, dividends, etc.).

2.1.2 Time-weighted rates of return must be used to calculate total performance. Approximation methods (e.g., use of the modified Dietz Method) are also permissible. Rates of return for individual subperiods must be geometrically (multiplicatively) linked. Corresponding to 1.1.3, the length of the time for the adjustment may not exceed one month.

2.1.3 When calculating rates of return, interest and other accrued income must be included in both the numerator and denominator.

2.1.4 If the calculation of composite rates of return is based on the rates of return of individual portfolios, then the portfolio returns should be weighted according to their size. Rates of return must be linked geometrically and the adjustment period must not exceed one month.

2.1.5 Revenue from cash and cash equivalents held in portfolios must be included in total return calculations.

2.1.6 Rates of return must be based on inventory values in which all broker commissions, securities transaction taxes, and other trading expenses and taxes are accounted for and presented in a performance-lowering manner.

2.2 Recommendations for Calculating Performance of Portfolios and Composites

2.2.1 Calculation of Composite Rates of Return

2.2.1.1 Two methods for calculating composite rates of return are recommended. One method consists of aggregating all portfolios in a composite (including any cash flows) in one umbrella portfolio in order to compute rates of return as for portfolios. An alternative method takes individual portfolio rates of return and weights them according to portfolio size (compare with 2.1.4).

2 Berechnung von Performancewerten für Portfolios und Composites

2.1 Richtlinien zur Berechnung von Performancewerten für Portfolios und Composites

2.1.1 Die Berechnung der Gesamtperformance ("total return") ist vorgeschrieben. Diese beinhaltet alle realisierten und unrealisierten Kursgewinne und -verluste sowie sämtliche Erträge (Zinsen, Dividenden, etc.).

2.1.2 Der Wert der Gesamtperformance muß mittels der Methode zur Berechnung der zeitgewichteten Performance berechnet werden. Dabei sind Näherungsmethoden (z. B. die Verwendung der modifizierten Dietz-Methode) zulässig. Die für die einzelnen Subperioden ermittelten Performancewerte müssen in geometrischer (multiplikativer) Form miteinander verknüpft werden. Entsprechend der Bestimmung 1.1.3 darf die Periodenlänge für die Näherungsverfahren einen Monat nicht überschreiten.

2.1.3 Bei der Berechnung der Performancewerte müssen Zinsansprüche und andere Forderungen sowohl im Zähler als auch im Nenner berücksichtigt werden.

2.1.4 Wird bei der Berechnung der Composite-Performancewerte von den einzelnen Portfolios ausgegangen, dann sind die Portfolio-Performancewerte gemäß der Portfoliogröße zu gewichten. Die Performancewerte der einzelnen Perioden sind wieder geometrisch zu verknüpfen. Bei dieser Verknüpfung darf die Periodenlänge einen Monat nicht überschreiten.

2.1.5 Die Performancewerte von Portfolios müssen unter Berücksichtigung der Kassekonten und äquivalenter Positionen berechnet werden.

2.1.6 Die Berechnung von Performancewerten muß auf Inventarwerten basieren, bei denen Brokerkommissionen, Börsensteuern und andere mit Transaktionen verbundene Gebühren und Steuern schon in performancemindernder Weise berücksichtigt worden sind.

2.2 Empfehlungen zur Berechnung von Performancewerten für Portfolios und Composites

2.2.1 Berechnung der Composite-Performancewerte

2.2.1.1 Zur Berechnung der Composite-Performancewerte werden zwei Verfahrensweisen empfohlen. Eine Methode besteht darin, alle Portfolios eines Composites zu einem übergeordneten Portfolio zu aggregieren

2.2.1.2 If the calculation of composite return is based on the returns of individual portfolios, either beginning-of-period weightings (beginning-of-period inventory values) or average-of-period weightings (inventory values plus time-weighted cash flows) should be used.

2.2.2 Portfolio returns should be calculated net of non-reclaimable taxes on dividends, interest and capital gains in a performance-lowering manner.

(ebenso die Mittelbewegungen), um dann die Performancewerte entsprechend der Vorgehensweisen für Portfolios zu berechnen. Alternativ zu dieser Verfahrensweise kann von den einzelnen Performancewerten der Portfolios ausgegangen werden, wobei diese entsprechend der Portfoliogröße zu gewichten sind (vgl. 2.1.4).

2.2.1.2 Sofern bei der Berechnung der Performance von Composites von den Performancewerten der individuellen Portfolios ausgegangen wird, sollten entweder die Gewichtungen zu Beginn der jeweiligen Periode (Inventarwerte zu Beginn der Periode) oder über die Periode gemittelte Gewichte (Inventarwert plus die zeitgewichteten Mittelbewegungen) verwendet werden.

2.2.2 Bei der Berechnung der Performance eines Portfolios sollten alle nicht rückforderbaren Steuern auf Erträge und Kursgewinne in performancemindernder Weise berücksichtigt werden.

3 Presentation of Historical Performance Results

3.1 Guidelines for the Determination of the Entity

3.1.1 Scope of the Standards

Firms or their subsidiaries must comply with the DVFA Performance Presentation Standards on a firmwide basis. An entity must state exactly how it defines itself for the purpose of complying with the Standards.

3.1.2 An entity will be defined as a firm if it is registered with the appropriate regulatory authority or as an independent asset management company, affiliate, subsidiary or other organization that is openly managed as a distinct business unit for performance presentation purposes.

3.1.3 Within the context of additional information, several legally related entities (e.g., subsidiaries of one company, or parent company and subsidiary) could be defined as a consolidated entity. All entities as well as consolidated entities must comply with the Standards. Individual entities of a consolidated entity will be regarded as subentities.

3.2 Guidelines for the Determination of the Managed Investments of the Entity

3.2.1 Managed investments include all assets under management of the entity. The determinant is discretion with regard to the management of the assets. In particular those assets for which the entity exercises an advisory function must be included.

3.3 Guidelines for the Presentation of the Entity

3.3.1 The definition of the entity must be stated and consistently applied.

3.3.2 The scope of compliance with the Standards must be stated for the entity (e.g., all guidelines, special recommendations).

3.3.3 It must be pointed out that a complete list and description of all of the entity's composites is available upon request.

3 Präsentation historischer Performanceergebnisse

3.1 Richtlinien zur Bestimmung der Einheit

3.1.1 Geltungsumfang der Standards

Gesellschaften oder Teileinheiten müssen die DVFA-Performance Presentation Standards auf der Ebene der gesamten Einheit erfüllen. Eine Einheit muß genau beschreiben, wie sie sich für den Zweck der Einhaltung der Standards definiert.

3.1.2 Als Einheit wird eine Gesellschaft definiert, die bei den jeweiligen Aufsichtsbehörden registriert ist oder eine eigenständige Anlagegesellschaft, Filiale, Tochtergesellschaft oder andere Organisationseinheit, die der Öffentlichkeit gegenüber zum Zweck der Performancepräsentation als eigenständige Einheit geführt wird.

3.1.3 Im Rahmen zusätzlicher Informationen können sich mehrere rechtlich zusammengehörende Einheiten (z. B. Tochtergesellschaften eines Konzerns, Muttergesellschaft und Tochtergesellschaften) als zusammengefaßte Einheit definieren. Alle Einheiten sowie die Präsentation der zusammengefaßten Einheit müssen sich in Übereinstimmung mit den Standards befinden. Die einzelnen Einheiten dieser zusammengefaßten Einheit werden im folgenden als Teileinheiten bezeichnet.

3.2 Richtlinien zur Bestimmung des verwalteten Vermögens einer Einheit

3.2.1 Das verwaltete Vermögen umfaßt alle unter Verwaltung der Einheit stehenden Anlagen. Maßgeblich hierfür ist das Treffen der Anlageentscheidungen, wobei insbesondere auch Vermögensanlagen eingeschlossen werden müssen, für die die Einheit eine Beratungsfunktion wahrnimmt.

3.3 Richtlinien zur Darstellung der Einheit

3.3.1 Die Definition der Einheit muß dargelegt und konsistent angewandt werden.

3.3.2 Der Umfang der Einhaltung der Standards muß für die Einheit dargelegt werden (z. B. alle Richtlinien, spezielle Empfehlungen).

3.3.3 Auf die Verfügbarkeit einer kompletten Zusammenstellung und Beschreibung aller Composites der Einheit muß hingewiesen werden.

3.3.4 Total assets under management by the entity as of the end of each calendar year must be disclosed.

3.4 Recommendations for the Presentation of the Entity

3.4.1 Any significant event within the entity that may have an impact on the management of the assets should be disclosed.

3.5 Guidelines for the Construction of Composites

3.5.1 All actual discretionary portfolios must be included in at least one composite.

3.5.2 Entity composites must be defined according to similar investment objectives and/or strategies.

3.5.3 New portfolios must be assigned to a composite beginning with the accounting period immediately following the opening date. Exceptions must be based either on reasonable and consistently applied company policies or mandated by the client.

3.5.4 A terminated portfolio must be removed from the composite(s) to which it was assigned at the end of the last applicable accounting period. Portfolio data for previous periods, up to the last full measurement period that the portfolio was under management, must remain in the composite's historical record.

3.5.5 Switching portfolios from one composite to another is permitted only if the following conditions are met:

a. Compliance with internal company policies that govern moving portfolios between composites; or

b. Documented changes in the portfolio's investment strategy as mandated by the client.

The historical record of the portfolio must remain with the appropriate composite.

3.5.6 When a single segment is removed from a portfolio (carve-out construction) in order to include it (and its yields) in constructing a composite, cash balances and their yields must be assigned to the carve-out, and the allocation method utilized must be disclosed. A prerequisite to constructing carve-outs is that the carved-out segment must be managed separately.

3.3.4 Das insgesamt unter Verwaltung der Einheit stehende Vermögen muß zum Ende eines jeden dargestellten Kalenderjahres ausgewiesen werden.

3.4 Empfehlungen zur Darstellung der Einheit

3.4.1 Jedes wesentliche Ereignis innerhalb der Einheit, das Auswirkungen auf die Verwaltung der Anlagen hat, sollte beschrieben werden.

3.5 Richtlinien zur Bildung von Composites

3.5.1 Alle Portfolios, die zum jeweils aktuellen Zeitpunkt ohne erhebliche externe Restriktionen von der Einheit verwaltet werden, sind mindestens einem Composite zuzuordnen.

3.5.2 Die Composites einer Einheit müssen auf Basis vergleichbarer Anlagestrategien oder Anlageziele der zugrunde liegenden Portfolios gebildet werden.

3.5.3 Neu aufgelegte Portfolios müssen ab dem Beginn der auf das Eröffnungsdatum folgenden Berechnungsperiode, in der das Portfolio unter Verwaltung steht, einem Composite zugeordnet werden. Davon abweichende Vorgehensweisen müssen entweder auf sinnvollen und laufend angewandten Unternehmensleitlinien oder kundenspezifischen Richtlinien basieren.

3.5.4 Aufgelöste Portfolios müssen nach dem Ende der letzten Berechnungsperiode, in der sie unter Verwaltung stehen, aus der Zuordnung zu Composites herausgenommen werden. Portfoliodaten, die sich auf Zeiträume vor dem genannten Ausschluß beziehen, müssen in den Compositedaten verbleiben.

3.5.5 Der Wechsel von Portfolios in andere Composites bedarf folgender Voraussetzungen:

a. Einhaltung unternehmensinterner Vorgehensweisen, die den Wechsel von Portfolios in andere Composites regeln, oder
b. dokumentierte Änderungen der Anlageausrichtung der Portfolios aufgrund von Kundenanweisungen.

Portfoliodaten, die sich auf Zeiträume vor dem Wechsel beziehen, müssen in den ursprünglichen Compositedaten verbleiben.

3.5.6 Wenn ein einzelnes Segment aus einem Portfolio herausgelöst wird (Carve-Out-Bildung), um es (und seine Performancebeiträge) bei der Bildung eines Composites zu berücksichtigen, dann müssen die Liquiditätspositionen und ihre Performancebeiträge den einzelnen Portfoliosegmenten zugeordnet werden. Die dazu verwendete Methode

3.5.7 Composites must include only assets under management and may not link simulated or model portfolios with actual, managed portfolios.

3.5.8 The portfolio presentation of a consolidated entity may assign a portfolio only to composites of the respective individual entity. A list of all of the individual entity's composites must be disclosed and those that were drafted according to the same regulations must be consolidated.

3.5.9 The currency in which the composite is denominated and the currency used to express performance, as well as the respective currency sources, must be disclosed.

3.5.10 The method used in determining the point of time of transaction valuation (trade-date, settlement-date) must be disclosed.

3.5.11 If the entity sets a minimum level for portfolios to be included in a composite, no portfolios below that asset level can be included in the composite. The minimum asset level, if any, below which portfolios are not included in a composite, must be disclosed.

3.5.12 Convertible and other hybrid securities must be treated consistently across time and within composites.

3.6 Recommendations for the Construction of Composites

3.6.1 Composites can be created to reflect different weightings by asset categories and regions.

3.6.2 In the case of excessive exogenous cash flows, and based on documented policies that are applied to the entire entity, portfolios may be temporarily removed from composites. The number of portfolios so removed per calendar year must be documented and the method used must be disclosed.

muß offengelegt werden. Voraussetzung zur Bildung von Carve-Outs ist, daß das herausgelöste Segment unabhängig von den anderen Segmenten verwaltet wird.

3.5.7 Composites dürfen nur aus real verwalteten Portfolios bestehen. Eine Vermischung real verwalteter Portfolios mit Simulations- u./o. Modellportfolios ist nicht zulässig.

3.5.8 Bei der Präsentation einer zusammengefaßten Einheit darf ein Portfolio nur den Composites der entsprechenden Teileinheit zugeordnet werden. Auf die Verfügbarkeit einer Liste aller Composites der Teileinheiten muß hingewiesen werden. Composites der Teileinheiten, die nach gleichen Regeln konzipiert sind, müssen zusammengefaßt werden.

3.5.9 Die Währung, in der das Composite bewertet wird, sowie die Währung, in der die Performance dargestellt wird, sind auszuweisen. Darüber hinaus sind die jeweils benutzten Devisenkursquellen auszuweisen.

3.5.10 Die Vorgehensweise bei der zeitlichen Erfassung von Transaktionen (Handelstag, Valutatag) ist auszuweisen.

3.5.11 Sofern die Einheit ein Mindestvolumen definiert hat, ab dem Portfolios in ein Composite aufgenommen werden, dürfen keine Portfolios unterhalb dieses Mindestvolumens in das Composite aufgenommen werden. Das Mindestvolumen, unterhalb dessen Portfolios nicht in Composites einbezogen werden, ist auszuweisen.

3.5.12 Anlageinstrumente, die über Eigenschaften unterschiedlicher Anlageklassen (z. B. Aktien, Renten) verfügen, müssen in allen Composites und im Zeitablauf gleich behandelt werden (z. B. Wandelanleihen, strukturierte Produkte).

3.6 Empfehlungen zur Bildung von Composites

3.6.1 Composites können auf Basis vorgegebener Gewichtungsbandbreiten von Anlageklassen und Regionen gebildet werden.

3.6.2 Bei gravierenden exogenen Mittelflüssen dürfen Portfolios – auf Grundlage dokumentierter unternehmenseinheitlicher Vorgehensweisen – temporär aus der Zuordnung zu Composites herausgenommen werden. Die Anzahl der pro Kalenderjahr herausgenommenen Portfolios ist auszuweisen und die dabei zugrunde gelegte Methode offenzulegen.

3.7 Guidelines for the Presentation

A composite presentation that complies with the DVFA Performance Presentation Standards must contain the following information:

3.7.1 At least five years of performance (or a record for the period since entity inception, if inception is less than five years). After presenting five years of performance, entities must present additional annual performance up to ten calendar years.

3.7.2 Rates of return for all calendar years. Rates of return for periods of less than one year must not be annualized.

3.7.3 The number of portfolios, amount of assets in the composite, and the percentage of the entity's total assets represented by the composite at the end of each calendar year presented.

3.7.4 A measure of the dispersion of individual portfolio rates of return around the aggregate composite rate of return for each calendar year.

3.7.5 A Compliance Statement indicating that the presentation and the entire entity are in compliance with the DVFA Performance Presentation Standards.

3.7.6 The composite creation date.

3.7.7 Performance results of a past entity or sub-entity can only be linked to, or used to, represent the historical record of a new entity or new sub-entity if

a. a change only in entity ownership or name is made, or

b. the entity or sub-entity has all supporting performance records to calculate performance, substantially all the assets included in the composites transfer to the new entity, and the investment decision-making process remains substantially unchanged.

3.7.8 If an entity compliant with the DVFA Performance Presentation Standards acquires or is acquired by a non-compliant entity, the entities have one year to bring the non-compliant entity's acquired assets into compliance.

3.7 Richtlinien zur Präsentation

Eine Compositepräsentation, die sich in Übereinstimmung mit den DVFA-Performance Presentation Standards befindet, muß die folgenden Informationen beinhalten:

3.7.1 Die Performancehistorie für einen Mindestzeitraum von 5 Kalenderjahren. Wurde die Einheit u./o. das Composite zu einem späteren Zeitpunkt gebildet, so ist die Performance seit dem Gründungsdatum auszuweisen. Der dargestellte Zeitraum muß so lange erweitert werden, bis mindestens 10 Kalenderjahre Performancehistorie verfügbar ist.

3.7.2 Performancewerte für alle Kalenderjahre. Performancewerte für Zeiträume von weniger als einem Jahr dürfen nicht annualisiert werden.

3.7.3 Die Anzahl der Portfolios und das Volumen des Composites sowie den prozentualen Anteil des Composites am verwalteten Vermögen der Einheit am Ende eines jeden der dargestellten Kalenderjahre.

3.7.4 Eine Kennzahl für die Streuung der einzelnen Portfolioperformancewerte um die Performance des Composites für jedes der dargestellten Kalenderjahre.

3.7.5 Eine Erklärung, daß sich die Präsentation sowie die gesamte Einheit in Übereinstimmung mit den DVFA-Performance Presentation Standards befindet.

3.7.6 Das Datum, an dem das Composite konzipiert wurde.

3.7.7 Performanceergebnisse einer vorangegangenen Einheit oder Teileinheit können nur dann mit den Performanceergebnissen der neuen Einheit oder Teileinheit verknüpft werden bzw. zum Ausweis einer Performancehistorie dienen, falls

a. nur ein Wechsel des Namens der Einheit bzw. Teileinheit oder der Besitzerstruktur erfolgt ist oder

b. die neue Einheit bzw. Teileinheit über die notwendigen Daten und Unterlagen verfügt, um die Performancehistorie zu berechnen, die verwalteten Vermögen nahezu vollständig auf die neue Einheit übergegangen sind und die Portfolios in wesentlich unveränderter Weise verwaltet werden.

3.7.8 Falls eine Einheit, die sich in Übereinstimmung mit den DVFA-Performance Presentation Standards befindet, die Anlagen einer Einheit übernimmt, die sich nicht in Übereinstimmung mit den Standards befindet, besteht eine Frist von einem Jahr, in der die Anlagen der übernommenen Einheit in Übereinstimmung mit den Standards gebracht werden müssen.

3.7.9 Whether performance results are calculated gross or net of fees paid by the clients to the entity.

3.7.10 Whether any non-fee paying portfolios are included in composites or in managed assets and the percentage of a composite's assets that are non-fee paying portfolios.

3.7.11 A description of the type and scope of use of leverage or derivatives (e.g., loans, futures, options) sufficient to identify risks.

3.7.12 Relevant details of the treatment of withholding tax on dividends, interest income, and capital gains. If using indices that are net of taxes, entities must disclose the country tax basis of the composite as well as that of the benchmark.

3.7.13 If a composite is formed partially or completely as a carve-out from multiple composites or portfolios of composites, the presentation must include the following:

a. a list of underlying composites from which the carve-out was drawn,

b. the percentage of each composite the carve-out represents, and

c. the method used to divide cash returns among individual segments.

3.7.14 The method used for calculating returns (e.g., BVI Method, Modified Dietz Method).

3.7.15 The total return for the benchmark that reflects the investment strategy or mandate represented by the composite must be presented for the same periods for which the composite return is presented. Total returns for multiple benchmarks may be presented. If no benchmark is presented, the presentation must explain why no benchmark is disclosed. If the firm changes the benchmark that is used for a given composite in the performance presentation, the firm must disclose both the date and the reasons for the change. If a customized benchmark or combination of multiple benchmarks is used, the firm must describe the benchmark creation and rebalancing process.

3.7.9 Ob die Performance vor oder nach Abzug von Gebühren, die der Kunde an die Einheit gezahlt hat, berechnet wurde.

3.7.10 Ob Portfolios, für die keine Gebühren in Rechnung gestellt werden, in Composites sowie in die Ermittlung des verwalteten Vermögens einbezogen wurden. Dabei ist der prozentuale Anteil dieser Portfolios am Volumen des Composites auszuweisen.

3.7.11 Eine Beschreibung von Art und Umfang des Einsatzes von Instrumenten mit Hebelwirkung (z. B. Kredite, Futures, Optionen), die Rückschlüsse auf die eingegangenen Risiken zuläßt.

3.7.12 Die Vorgehensweise bei der Behandlung von Quellensteuern auf Erträgnisse und Kapitalzuwächse. Beim Vergleich mit Indizes, deren Performance nach Abzug von Steuern berechnet wurde, ist das Land, auf dessen Steuergesetzen die Ermittlung des Abzuges beruhte, sowohl für das Composite als auch für die Indizes auszuweisen.

3.7.13 Falls ein Composite partiell oder vollständig aus Carve-Outs mehrerer Composites bzw. der Portfolios der Composites gebildet wird, eine Ergänzung um Informationen über:

a. eine Aufstellung der Composites, aus denen die Carve-Outs gebildet wurden,

b. den prozentualen Anteil des Volumens der Carve-Outs an jedem zugrunde liegenden Composite und

c. die Methode, die benutzt wird, um Performancebeiträge von Liquiditätspositionen auf einzelne Segmente zu verteilen.

3.7.14 Die Methode, mit der Renditen berechnet wurden (z. B. BVI-Methode, Modifizierte Dietz-Methode).

3.7.15 Die Performancewerte einer Benchmark, die mit dem Risiko oder dem Anlageziel des Composites vergleichbar ist, müssen für die gleichen Perioden dargestellt werden, für die die Performance des Composites präsentiert wird. Es können auch die Performancewerte mehrerer Benchmarks präsentiert werden. Falls auf die Darstellung von Benchmark-Performancewerten im Rahmen einer Präsentation verzichtet wird, müssen dafür Gründe angegeben werden. Falls die Einheit eine Benchmark für ein Composite austauscht, dann muß sie sowohl das Datum, an dem der Austausch vorgenommen wurde, als auch die Gründe für diesen Wechsel angeben. Sofern bei der Präsentation eine Benchmark dargestellt wird, die von der Einheit selbst berechnet wird oder die sich aus verschiedenen Komponenten zusammensetzt (gemischte Benchmark), müssen die Berechnungsmethode und die Verfahrensweise bei der Rebasierung der Gewichte beschrieben werden.

3.7.16 For composites compared with a specific benchmark, the percentage of the composites invested in asset classes, countries or regions not included in the benchmark.

3.7.17 Any known inconsistencies between the chosen source of exchange rates and those of the benchmark.

3.8 Recommendations for the Presentation

The following items should be included in the composite presentation:

3.8.1 Composite rates of return gross of investment management fees and custody fees and before taxes (except for non-reclaimable foreign withholding taxes).

3.8.2 When gross-of-fee returns are presented, the firm's fee schedule(s) appropriate to the presentation.

3.8.3 When only net-of-fee returns are presented, the average weighted management and other applicable fees.

3.8.4 Cumulative returns for composite and benchmark(s) for all periods.

3.8.5 Median returns of the underlying portfolios for each composite at least through the end of each calendar year.

3.8.6 Equal-weighted returns for each composite.

3.8.7 Relevant risk measures for benchmarks and composites (e.g., volatility, beta, tracking error, modified duration).

3.8.8 Inconsistencies among portfolios within a composite in the use of exchange rates.

3.8.9 The portfolio valuation sources and methods used by the entity.

3.7.16 Bei Composites, die einer Benchmark gegenübergestellt werden, der Anteil an Investitionen, die in Anlageklassen sowie Ländern/Regionen außerhalb der Benchmark vorgenommen wurden.

3.7.17 Jede bekannte Inkonsistenz zwischen der im Composite und in der Benchmark verwendeten Devisenkursquelle.

3.8 Empfehlungen zur Präsentation

Die folgenden Punkte sollten in einer Compositepräsentation enthalten sein:

3.8.1 Die Wertentwicklung des Composites vor dem Abzug von Verwaltungsgebühren und vor dem Abzug von Steuern (außer ausländischen Quellensteuern).

3.8.2 Falls die Performance vor Verwaltungsgebühren dargestellt wird, eine für die Präsentation gültige Gebührenaufstellung.

3.8.3 Sofern ausschließlich Performanceergebnisse nach Abzug von Verwaltungsgebühren dargestellt werden, die durchschnittlich gewichteten Verwaltungsgebühren.

3.8.4 Die kumulierte Wertentwicklung des Composites und der Benchmark(s) über alle Zeiträume.

3.8.5 Der Median der Performancewerte der zugrunde liegenden Portfolios für das Composite mindestens für jedes der dargestellten Kalenderjahre.

3.8.6 Die gleichgewichtete Compositeperformance.

3.8.7 Risikokennzahlen für das Composite (z. B. Volatilität, Beta, Tracking Error, Modified Duration).

3.8.8 Eventuelle Verwendung unterschiedlicher Devisenkurse in den Portfolios des Composites.

3.8.9 Die Vorgehensweise bei der Bewertung von Portfolios sowie die Quelle der verwendeten Preise und Kurse.

4 Compliance and Verification of the Standards

4.1 Guidelines to Compliance with the Standards

4.1.1 A precondition for claiming compliance with the Standards is the correct execution of all necessary calculations and organizational steps within the entity. Entities are strongly encouraged to perform periodic internal compliance checks and implement adequate business controls at all stages of the investment performance process – from data input to presentation material – to ensure the validity of compliance claims.

4.1.2 A precondition for claiming compliance with the DVFA Performance Presentation Standards is compliance with all guidelines commencing at the point of time that compliance with the Standards is claimed.

4.1.3 Compliance with the Standards can only be claimed for the entity.

4.1.4 Compliance with the Standards can only be made for presentations that fully comply with the DVFA Performance Presentation Standards. Partial compliance with or reference to the Standards is not sufficient to fulfill the guidelines of compliance with the Standards.

4.1.5 All information that does not comply with the DVFA Performance Presentation Standards may only be presented as supplemental information and must be expressly identified as such. This is particularly applicable to performance results for periods prior to compliance with the guidelines contained in the Standards.

4.1.6 Compliance with the Standards may not conflict with any applicable laws or regulations.

4.1.7 The entity should use the following formulation to document its compliance with the Standards:

[Insert name of entity] has prepared and presented this report in compliance with the DVFA Performance Presentation Standards. DVFA will not audit the basis data or the presentation.

4.1.8 In addition to entities that manage third party assets, independent performance measurement service providers also are encouraged to accept and implement the Standards.

4 Einhaltung der Standards und Bestätigung der Einhaltung

4.1 Richtlinien zur Einhaltung der Standards

4.1.1 Voraussetzung für den Anspruch auf Einhaltung der Standards ist die Sicherstellung einer korrekten Durchführung aller notwendigen Berechnungen und organisatorischen Schritte innerhalb der Einheit. Zur Gewährleistung der Einhaltung der Standards ist die Einheit aufgefordert, regelmäßig interne Prüfungen und Kontrollen auf allen Stufen der Performancemessung – von der Erfassung von Buchungs- und Bewertungsdaten bis zur Performancepräsentation – durchzuführen.

4.1.2 Voraussetzung für den Anspruch auf Übereinstimmung mit den DVFA-Performance Presentation Standards ist die Einhaltung aller Richtlinien ab dem Zeitpunkt der Inanspruchnahme der Einhaltung der Standards.

4.1.3 Die Einhaltung der Standards kann nur für die gesamte Einheit in Anspruch genommen werden.

4.1.4 Die Einhaltung der Standards darf nur für Darstellungen in Anspruch genommen werden, die sich vollständig in Übereinstimmung mit den DVFA-Performance Presentation Standards befinden. Eine partielle Einhaltung der Standards oder Anlehnung an die Standards erfüllt nicht die Richtlinien zur Einhaltung der Standards.

4.1.5 Sämtliche Informationen, die sich nicht in Übereinstimmung mit den DVFA-Performance Presentation Standards befinden, dürfen nur als zusätzliche Informationen präsentiert werden und müssen ausdrücklich als solche gekennzeichnet werden. Dies gilt insbesondere für Performancewerte, die sich auf Zeiträume beziehen, für die die Einheit die Richtlinien der Standards nicht einhält.

4.1.6 Die Einhaltung der Standards darf nicht im Widerspruch zu Gesetzen und Vorschriften stehen.

4.1.7 Zur Dokumentation der Einhaltung der Standards durch die Einheit ist die folgende Formulierung zu verwenden:

[Name der Einheit] hat die Daten, die als Basis für diese Unterlagen dienen, in Übereinstimmung mit den DVFA-Performance Presentation Standards ermittelt und aufbereitet. Die DVFA führt weder eine Prüfung der zugrunde liegenden Daten noch deren Darstellung durch.

4.1.8 Neben Einheiten, die Anlagen Dritter verwalten, sind auch unabhängige Performance Measurement-Dienstleister aufgerufen, die Standards zu übernehmen und anzuwenden.

4.2 Guidelines to Verification of Compliance

The entity is recommended to obtain verification of compliance with the Standards. If the entity receives verification of compliance, the following points serve as guidelines:

4.2.1 The entity confirms its compliance with all guidelines of the DVFA Performance Presentation Standards and the relevant calculations of presented performance results. Such a confirmation can only apply to the entire entity and not to individual composites.

4.2.2 Verification of compliance is conducted by an independent, professional verifier.

4.2.3 The verifier must receive all necessary documents and information upon demand.

4.2.4 The period for which verification should be performed must include the entire performance history to be presented. This history must include at least one calendar year. It is not necessary to verify again previously verified time periods. Any deviation from this policy must be explained in the verification report.

4.2.5 Verification of compliance with the Standards presumes an audit of managed assets dating back not longer than 18 months. This audit must be conducted according to generally accepted accounting and auditing principles.

4.2.6 A verification report must be accompanied by the verifier's written statement confirming that the verification was conducted according to Standard guidelines. Without such a report from the verifier, the entity cannot claim that its claim of compliance with the Standards has been verified.

4.2.7 The verification guidelines described in the Standards must be complied with in order to ensure a uniform verification. In the event that it is impossible to take all verification steps, or that a result is not forthcoming, this should be noted in the verification report.

4.2.8 If an entity is not in compliance with the Standards, or the records of the entity cannot support a complete verification, this should be noted – with reference to the reasons – in the verification report. Partial compliance with the Standards may not be verified.

4.2 Richtlinien zur Bestätigung der Einhaltung

Es wird der Einheit empfohlen, sich die Einhaltung der Standards bestätigen zu lassen. Sofern die Einheit sich die Einhaltung der DVFA-Performance Presentation Standards bestätigen läßt, stellen die folgenden Punkte Richtlinien dar.

4.2.1 Im Rahmen einer Bestätigung wird der Einheit in schriftlicher Form die Einhaltung aller Richtlinien der DVFA-Performance Presentation Standards sowie die sachgemäße Berechnung der dargestellten Performanceergebnisse bestätigt. Eine derartige Bestätigung kann sich nur auf die gesamte Einheit beziehen und nicht auf einzelne Composites.

4.2.2 Die Prüfung ist von einem unabhängigen Sachverständigen durchzuführen.

4.2.3 Dem Prüfer sind auf Verlangen alle erforderlichen Unterlagen und Informationen zur Verfügung zu stellen.

4.2.4 Der zu prüfende Zeitraum umfaßt grundsätzlich die gesamte Performancehistorie, die die Einheit präsentieren möchte, jedoch mindestens ein Jahr. Bereits geprüfte Zeiträume sind nicht mehr zu prüfen. Abweichungen von dieser Vorgehensweise müssen im Prüfungsbericht erläutert werden.

4.2.5 Die Bestätigung der Einhaltung der Standards setzt eine nicht länger als 18 Monate zurückliegende Prüfung der Rechnungslegung der verwalteten Vermögen voraus. Diese Prüfung muß nach anerkannten Grundsätzen der ordnungsgemäßen Abschlußprüfung durchgeführt worden sein.

4.2.6 Die Bestätigung muß mit einer schriftlichen Erklärung des Prüfers versehen sein, in der die Durchführung der Prüfung in Übereinstimmung mit den Richtlinien der Standards bestätigt wird. Ohne diese Erklärung darf der Anspruch auf eine bestätigte Einhaltung der Standards nicht formuliert werden.

4.2.7 Zur Sicherstellung einer einheitlichen Bestätigung müssen die in den Standards beschriebenen Prüfungsrichtlinien eingehalten werden. Sollten nicht alle notwendigen Prüfungsschritte durchführbar sein, oder ist ein Ergebnis nicht feststellbar, so ist dies im Prüfungsbericht zu vermerken.

4.2.8 Falls sich die Einheit nicht in Übereinstimmung mit den Standards befindet, oder die zur Verfügung stehenden Unterlagen keine umfassende Bestätigung zulassen, ist dies – unter Angabe aller Gründe –

4.2.9 Formulation of the verification report:

[Name of verifier] confirms compliance with the DVFA Performance Presentation Standards for [Name of entity] for the time period commencing from [start] to [end]. According to [Name of verifier], all guidelines of the Standards were complied with and the results in the verified documents appropriately received and presented in their entirety. The verification was conducted according to the guidelines of the Standards.

4.3 Guidelines for Conducting the Verification

4.3.1 Preparation Measures

4.3.1.1 The verifier must ensure appropriate knowledge of the entity (e.g., by obtaining publicized information on the entity).

4.3.1.2 The verifier must understand all guidelines and recommendations of the DVFA Performance Presentation Standards and the GIPS. This includes all comments and opinions published by the DVFA Commission for Performance Presentation Standards.

4.3.1.3 The verifier must be informed of the entity's policies for complying with the Standards. At minimum, verifiers must determine the following policies and procedures of the entity to identify any possible deviation from the Standards:

a. Policy of verifying any external restrictions on assets on the basis of written information provided by the entity.
b. Policy with regard to the construction of composites on the basis of written information on criteria provided by the entity.
c. Policy with regard to the inclusion of newly opened portfolios in the composites.
d. Policy with regard to the exclusion of closed accounts from the composites.
e. Policy with regard to the temporary exclusion of portfolios from the composites.
f. Policy with regard to the accrual of interest and dividend income.
g. Policy with regard to the valuation of holdings and transactions.

im Prüfungsbericht darzustellen. Eine partielle Einhaltung der Standards darf nicht bestätigt werden.

4.2.9 Formulierung der Bestätigung:

[Name des Prüfers] bestätigt die Einhaltung der DVFA-Performance Presentation Standards für [Name der Einheit] für den Zeitraum vom [Beginn] bis [Ende]. Aus der Sicht von [Name des Prüfers] wurden alle Richtlinien der Standards eingehalten und die in den bestätigten Unterlagen enthaltenen Ergebnisse sachgemäß ermittelt und vollständig dargestellt. Die Prüfung wurde auf Basis der von den Standards geforderten Vorgehensweise durchgeführt.

4.3 Richtlinien zur Durchführung der Prüfung

4.3.1 Vorbereitende Maßnahmen

4.3.1.1 Der Prüfer muß sich einen angemessenen Einblick in die Lage der Einheit verschaffen (z. B. anhand öffentlich zugänglicher Informationen über die Einheit).

4.3.1.2 Der Prüfer muß alle Richtlinien und Empfehlungen der DVFA-Performance Presentation Standards sowie der GIPS kennen. Dies schließt auch alle von der DVFA-Kommission für Performance Presentation Standards veröffentlichten Stellungnahmen ein.

4.3.1.3 Der Prüfer muß die von der Einheit angewandten Vorgehensweisen zur Einhaltung der Standards ermitteln. Dabei sind zumindest folgende Punkte zu berücksichtigen und etwaige Unterschiede zu den Standards festzuhalten:

a. Vorgehensweise bei der Bestimmung der externen Anlagerestriktionen auf Basis einer schriftlichen Darstellung durch die Einheit.
b. Vorgehensweise bei der Konstruktion von Composites auf Basis einer schriftlichen Darstellung der von der Einheit angewandten Kriterien.
c. Vorgehensweise bei der Integration neu eröffneter Portfolios in Composites.
d. Vorgehensweise bei der Herausnahme aufgelöster Portfolios aus Composites.
e. Vorgehensweise beim zeitlich befristeten Ausschluß von Portfolios aus Composites.
f. Vorgehensweise bei der Ermittlung von Zins- und Dividendenansprüchen.
g. Vorgehensweise bei der Bewertung von Beständen und Transaktionen.

h. Policy with regard to the method for computing portfolio returns.
i. Assumptions on the timing of inclusion of exogenous cash flows.
j. Methods for computing composite returns.
k. Policy with regard to the presentation of composite returns.
l. Policy with regard to the treatment of cash positions, futures and other derivatives in the construction of single asset composites from balanced composites or portfolios of mixed composites.
m. Treatment of withholding taxes when reporting performance on an after-tax basis.
n. Policy with regard to the treatment of assets not included in the benchmark.
o. Any other policies and procedures relevant to performance presentation.
p. Policy with regard to portfolios linked to an "all-in fee" in the construction of composites and reporting composite returns.

4.3.1.4 Verifiers must ensure that they understand the methods and policies used to record valuation information for performance calculation purposes. In particular, verifiers must determine that

a. the treatment of classifying cash flows in portfolios (e.g., contributions, withdrawals, dividends, fees, taxes) was consistent and gave rise to accurate performance results.
b. the treatment of income, interest and dividend receipts is consistent with cash accounting and cash accruals definitions.
c. the policy with regard to taxes, tax reclaims, and tax accruals is correct and the manner used is consistent with the desired method (e.g., gross- or net-of-tax return).
d. the policy with regard to recognizing purchases, sales, and the opening and closing of other positions (e.g., forward currency contracts, derivatives) are internally consistent and will produce accurate results.

4.3.2 Conducting the Verification

4.3.2.1 The verifier must determine whether the entity has complied with all guidelines of the DVFA Performance Presentation Standards and that the results have been appropriately determined and presented.

h. Vorgehensweise bei der Berechnung der Performance für Portfolios.
i. Annahmen, die bei der zeitlichen Zuordnung von exogenen Mittelflüssen getroffen werden.
j. Methoden zur Berechnung von Compositeperformancewerten.
k. Vorgehensweise bei der Präsentation von Compositeperformancewerten.
l. Vorgehensweise bei der Zuordnung von Liquiditätspositionen sowie Futures und anderen Derivaten bei der Bildung von "Single-Asset-Composites" aus gemischten Composites bzw. der Portfolios der gemischten Composites.
m. Behandlung einbehaltener Steuern beim Ausweis von Performancewerten nach Steuern.
n. Vorgehensweise bei der Behandlung von Anlagen außerhalb der angegebenen Benchmark.
o. Sämtliche anderen für die Darstellung von Performanceinformationen angewandten Vorgehensweisen.
p. Vorgehensweise bei der Berücksichtigung von Portfolios, für die eine "all-in fee" vereinbart wurde, bei der Bildung von Composites und der Ermittlung der Compositeperformancewerte.

4.3.1.4 Der Prüfer muß Kenntnis über die Vorgehensweise bei der buchhalterischen Behandlung von Geschäftsvorfällen für Performancezwecke haben. Dabei ist insbesondere festzuhalten, daß

a. die inhaltliche Behandlung von Mittelflüssen in den Portfolios (Einzahlungen, Entnahmen, Erträgnisse, Kosten, Steuern) konsistent durchgeführt wurde und zu sachgerechten Performanceergebnissen führte.
b. die Behandlung von Erträgnissen als Mittelflüsse oder Ansprüche sachgerecht durchgeführt wurde.
c. die Vorgehensweise bei der Behandlung von Steuern und Rückerstattungsansprüchen sachgerecht durchgeführt wurde und inhaltlich zu dem angestrebten Ergebnis (z. B. Performance vor- bzw. nach Steuern) führt.
d. die Vorgehensweise bei der Erfassung von Käufen, Verkäufen sowie Eröffnung und Schließung anderer Geschäfte (z. B. Devisentermingeschäfte, Derivate) einheitlich durchgeführt wurde und in sachgemäßen Ergebnissen resultierte.

4.3.2 Durchführung der Prüfung

4.3.2.1 Der Prüfer muß feststellen, ob die Einheit alle Richtlinien der DVFA-Performance Presentation Standards eingehalten hat und die Ergebnisse sachgemäß ermittelt und dargestellt wurden.

4.3.2.2 The verifier must determine whether the entity has been appropriately defined.

4.3.2.3 Verification of Composite Construction

The verifier must determine whether

a. the entity has defined and maintained composites according to reasonable guidelines, in compliance with the Standards.
b. all of the entity's actual, discretionary portfolios (excluding model portfolios) are included in at least one composite and no inappropriate exclusion has taken place.
c. the definition of discretion has been consistently applied over time.
d. selected benchmarks are consistent with composite definitions.
e. internal guidelines for creating composites have been consistently applied over time.
f. the list and description of composites is complete.

4.3.2.4 Sample Account Selection

Compliance with the Standards is determined on the basis of a selected sample of portfolios and/or composites. Verifiers must obtain a list of open and closed accounts for all composites for the years under examination. The following criteria should be considered when selecting sample accounts for examination:

a. Number of composites of the entity.
b. Number of portfolios in each composite.
c. Nature of the composite.
d. Total assets under management by the entity.
e. Internal control structure.
f. Number of years under examination.
g. Computer applications and software used by the entity.
h. Intended use and distribution of the verified presentation.

4.3.2.5 The assignment or exclusion on the basis of significant non-discretionary asset restrictions should be verified based on portfolio samples. The following documents should form the basis of the verification:

a. Investment policy of the portfolio.

4.3.2.2 Der Prüfer muß feststellen, ob die Einheit im Sinne der Standards sachgemäß und konsistent definiert wurde.

4.3.2.3 Prüfung der Bildung von Composites

Der Prüfer muß feststellen, ob

a. die Einheit Composites auf Basis sachgemäßer Leitlinien und in Übereinstimmung mit den Standards gebildet hat.
b. alle von der Einheit ohne erhebliche externe Restriktionen verwalteten Portfolios (außer Modellportfolios) immer mindestens einem Composite zugeordnet wurden und kein unsachgemäßer Ausschluß erfolgte.
c. die Definition erheblicher externer Restriktionen im Zeitablauf konsistent angewandt wurde.
d. die gewählten Benchmarks immer mit der inhaltlichen Konzeption des jeweiligen Composites vergleichbar waren.
e. die internen Leitlinien zur Bildung von Composites im Zeitablauf konsistent angewandt wurden.
f. die Zusammenstellung und Beschreibung der Composites der Einheit vollständig ist.

4.3.2.4 Bestimmung der zu prüfenden Stichprobe

Die Übereinstimmung mit den Standards ist auf Basis einer Auswahl von Portfolios und/oder Composites zu prüfen. Diese Auswahl erfolgt anhand einer Aufstellung aller im Prüfungszeitraum bestehenden, eröffneten und aufgelösten Portfolios. Die Bestimmung der zu prüfenden Stichprobe muß zumindest die folgenden Gegebenheiten berücksichtigen:

a. Anzahl der Composites der Einheit.
b. Anzahl der Portfolios eines jeden Composites.
c. Inhaltliche Konzeption des Composites.
d. Volumen des von der Einheit verwalteten Vermögens.
e. Interne Kontrollmechanismen.
f. Länge des Prüfungszeitraumes.
g. von der Einheit eingesetzte Computerprogramme.
h. beabsichtigter Gebrauch und Verteilung der bestätigten Präsentationen.

4.3.2.5 Auf der Basis von Stichproben ist für Portfolios die Zuordnung bzw. der Ausschluß aus der Zuordnung zu Composites aufgrund erheblicher externer Anlagerestriktionen zu prüfen. Grundlage hierfür sind folgende Unterlagen:

a. Anlagerichtlinien der Portfolios.

b. Entity's guidelines defining significant non-discretionary restrictions.

4.3.2.6 Verification of Portfolio Assignment to Composites

For sample portfolios, verifiers must determine whether:

a. the portfolios actually exist. This is done by tracing selected accounts from account agreements to the composites.
b. all portfolios sharing the same guidelines are included in the same composite.
c. the initial inclusion in the composite is in accordance with policies of the entity.
d. shifts from one composite to another are consistent with the guidelines set forth by the specific account agreement or with documented guidelines of the entity's clients.
e. the timing of exclusion from the composite is in accordance with policies of the entity for closed accounts.
f. the removal of portfolios from composites is in accordance with policies of the entity.
g. portfolio-specific investment principles conform to the definition of the respective composite.
h. all information necessary to a correct, complete and fair characterization of performance is provided.

4.3.2.7 Verification of the Performance Measurement Calculation

For sample portfolios, verifiers must determine whether:

a. the policy for accounting treatment of contributions and withdrawals, dividends, expenditures, accruals, liabilities and taxes was properly applied.
b. all transactions were included in the performance calculation net of costs.
c. securities and corresponding account movements were calculated simultaneously.
d. account balances were correctly calculated.
e. the treatment of open and concluded forward currency transactions were properly handled.
f. forward currency transactions were calculated on the basis of appropriate forward rates.

b. Unternehmensleitlinien zur Definition erheblicher externer Anlagerestriktionen.

4.3.2.6 Prüfung der Zuordnung von Portfolios zu Composites

Anhand einer Stichprobe von Portfolios ist zu prüfen, ob

a. die genannten Portfolios real existieren. Dies ist anhand der Vertragsunterlagen der Portfolios und der Zuordnung der Portfolios zu Composites nachzuvollziehen.
b. alle Portfolios, die vergleichbaren Anlagegrundsätzen unterliegen, den gleichen Composites zugeordnet sind.
c. die erstmalige Zuordnung der Portfolios zu Composites mit den Richtlinien der Standards und den internen Leitlinien übereinstimmt.
d. Wechsel von Portfolios in andere Composites konsistent und auf Basis kundenspezifischer Anlagerichtlinien oder interner Leitlinien durchgeführt wurden.
e. der zeitlich befristete Ausschluß von Portfolios aus der Zuordnung zu Composites mit den Richtlinien der Standards und internen Leitlinien übereinstimmt.
f. die Herausnahme von aufgelösten Portfolios aus Composites mit den Richtlinien der Standards übereinstimmt.
g. die portfoliospezifischen Anlagegrundsätze inhaltlich mit der Definition der jeweiligen Composites konform sind.
h. alle Erläuterungen gegeben wurden, die zur Sicherstellung einer korrekten, vollständigen und fairen Darstellung der Performance notwendig sind.

4.3.2.7 Prüfung der Berechnung von Performancewerten

Anhand einer Stichprobe von Portfolios ist zu prüfen, ob

a. die Vorgehensweisen bei der buchhalterischen Behandlung von Mittelzu- und -abflüssen, Erträgnissen, Aufwendungen, Ansprüchen, Verbindlichkeiten und Steuern sachgemäß angewandt wurden.
b. alle Transaktionen nach Abzug von Kosten in die Performancemessung eingingen.
c. Wertpapier- und korrespondierende Kontenbuchungen zeitgleich erfaßt wurden.
d. Kontenüberträge korrekt erfaßt wurden.
e. die Behandlung offener und bereits geschlossener Devisentermingeschäfte sachgemäß durchgeführt wurde.
f. Devisentermingeschäfte auf Basis angemessener Forward Rates bewertet wurden.

g. derivatives were handled properly in calculating performance.

h. if provided, the indicated rate source was used.

Verifiers must make use of the results of any previous audit of managed assets (Point 4.2.5), unless they have objections to these results.

4.3.2.8 In using methods to compute performance not specifically described in the Standards, verifiers must ascertain whether a selected method is appropriate and was actually applied by the entity. This verification results from

a. recalculating rates of return for a sample of accounts using an acceptable formula as prescribed by the Standards (i.e., time-weighted rate of return) and

b. taking a sample of composite calculations:

aa. determine the annual return by linking the monthly return for each portfolio.

bb. determine the annual return for each composite.

4.3.2.9 All information and disclosures in the presentation as well as internal guidelines and calculations must be reviewed as to their completeness, accuracy, and conformity to the Standards. The existence of supporting documentation in the entity also is to be reviewed.

4.3.2.10 The verification report must be supported by the maintenance of sufficient documentation.

4.3.2.11 The verifier must receive from the entity a written account of important policies and relevant explanations given in the course of the verification process.

g. Derivate bei der Berechnung der Performance sachgemäß behandelt wurden.
h. falls angegeben, die genannte Quelle zur Kursbeschaffung verwendet wurde.

Dabei muß der Prüfer die Ergebnisse der Prüfung der Rechnungslegung der verwalteten Vermögen (Punkt 4.2.5) verwenden, es sei denn, er hätte nach seinem Ermessen Einwände gegen die Prüfungsergebnisse.

4.3.2.8 Bei der Verwendung von Methoden zur Performancemessung, die nicht explizit von den Standards genannt sind, ist zu überprüfen, ob die ausgewiesene Methode geeignet ist und von der Einheit angewandt wurde. Diese Überprüfung erfolgt durch

a. Berechnen der monatlichen Performancewerte für jedes Portfolio einer Stichprobe von Composites mit einer in den Standards genannten Methode (z. B. zeitgewichtete Performance) sowie
b. Nachvollziehen folgender Berechnungen für eine Stichprobe von Composites:
   aa. Ermittlung der Jahresperformancewerte durch Verknüpfung der Monatsperformancewerte für jedes Portfolio.
   bb. Ermittlung der Jahresperformance für jedes Composite.

4.3.2.9 Alle in der Präsentation gegebenen Erläuterungen müssen auf Vollständigkeit, Richtigkeit und Übereinstimmung mit den Standards sowie internen Leitlinien und Berechnungen überprüft werden. Ferner ist das Vorhandensein einer entsprechenden Dokumentation in der Einheit zu prüfen.

4.3.2.10 Die im Prüfungsbericht getroffenen Aussagen müssen anhand entsprechender Unterlagen nachvollziehbar sein.

4.3.2.11 Der Prüfer muß von der Einheit eine schriftliche Darstellung der wichtigsten Vorgehensweisen sowie der während der Prüfung gegebenen relevanten Aussagen erhalten.

C. Examples and Illustrations

5 Determination and Valuation of Portfolios and Investment Instruments

5.1 Comments to the Guidelines

5.1.1 *All data and other information necessary to support a firm's performance presentation and to perform the required calculations must be captured and maintained.*

The calculations and information provided must be auditable for the verifier. (See also the section on verification of compliance with the Standards.)

5.1.2 *Portfolio valuations must be based on market values (not book values).*

Market rates must be used in valuing listed securities and assets. The valuation should always be based on the same information source. Valuations of non-listed securities or assets must be based on reasonable estimates of the sales price to a potential buyer.

5.1.3 *Portfolios must be valued at least monthly.*

Daily valuations are standard in the case of publicly-traded funds. The BVI Method is used to compute returns in this fund segment. Daily valuation of the rate of return using the BVI Method is identical with the time-weighted rate of return. Reporting by publicly-traded funds thus has more than adequately met the Standards outlined in the DVFA-PPS and GIPS for some time. The same cannot be said, however, for other areas of asset management. Daily valuation of portfolios requires a great deal of managerial time and effort. In order to enable asset managers to comply with the Standards, the Commission at this point has abandoned the idea of tightening the GIPS by making daily valuation a guideline. Within the framework of GIPS, it will be possible to value portfolios on a quarterly basis until 2000. The DVFA Commission came to the conclusion, however, that the precision achieved by valuing on a monthly basis should not be sacrificed.

C. Beispiele und Erläuterungen

5 Bestimmung und Bewertung von Portfolios und Anlageinstrumenten

5.1 Anmerkungen zu den Richtlinien

5.1.1 *Alle Daten und andere Informationen, die notwendig sind, um die im Rahmen der Standards vorgeschriebenen Rechnungen auszuführen oder deren Ausweisung durch die Standards vorgeschrieben werden, müssen dauerhaft aufbewahrt werden.*

Die Berechnungen und Aufbereitungen müssen für Prüfer nachvollziehbar sein. Siehe dazu auch die Ausführungen im Abschnitt über die Bestätigung der Einhaltung der Standards.

5.1.2 *Die Bewertung der Portfolios muß auf aktuellen Marktwerten basieren (nicht auf Buchwerten).*

Bei der Bewertung von börsennotierten Wertpapieren und Anlagen müssen Börsenkurse verwendet werden. Der Bewertung sollten stets die gleichen Quellen zugrunde liegen. Die Bewertung nicht börsennotierter Wertpapiere oder Anlagen muß auf vernünftigen Schätzungen der Verkaufswerte an einen potentiellen Käufer beruhen.

5.1.3 *Portfolios müssen zumindest monatlich bewertet werden.*

Bei Publikumsfonds ist die tägliche Bewertung Standard. In diesem Fondssegment wird zur Berechnung der Performance die sog. BVI-Methode verwendet. Der bei täglicher Bewertung mit Hilfe der BVI-Methode ermittelte Performancewert ist identisch mit dem zeitgewichteten Performancewert. Die Berichterstattung bei Publikumsfonds entspricht also in diesem Punkt schon seit langem in hohem Maße dem Standard, der in den DVFA-PPS und in den GIPS festgelegt wurde. In anderen Bereichen der Vermögensverwaltung hat diese Aussage nur bedingt Gültigkeit. Mit der täglichen Bewertung von Portfolios ist ein erheblicher Verwaltungsaufwand verbunden. Um möglichst viele Vermögensverwalter zur Einhaltung der Standards zu ermutigen, sah die Kommission davon ab, bereits zu diesem Zeitpunkt die GIPS diesbezüglich zu verschärfen und die tägliche Bewertung als Richtlinie festzuschreiben. Im Rahmen der GIPS wird es bis zum Jahr 2000 möglich sein, Portfolios im vierteljährlichen Rhythmus zu bewerten. Die DVFA-Kommission gelangte in diesem Punkt zu der Ansicht, daß der Genauigkeitsgrad, den man mittels monatlicher Bewertung erreicht, nicht unterschritten werden sollte.

5.1.4 *In the case of bonds and other fixed-income securities, interest accruals must be included in the calculation of a portfolio's performance across all calculation periods.*

The Commission found the absence of interest accruals in the calculation to be so potentially misleading that it accepted the GIPS on this point. In particular, interest accruals must be included for the period prior to the Standards coming into force.

5.2 Comments to the Recommendations

5.2.1 *It is highly recommended that portfolios be valued in the event of any exogenous cash flow.*

This point is a supplement to Guideline 1.1.3. With regard to the precision of calculated rates of return, valuation in the presence of exogenous cash flows is identical to daily valuation. An approximate rate of return over a period for which only the initial and final market value of the portfolio are known can be calculated, for instance, by means of the modified Dietz Method. If a cash flow arises during this period, the rate of return is only an approximation. The calculated value can deviate substantially from the "real" rate of return (i.e., the precisely determined time-weighted rate of return). GIPS recommend revaluing a portfolio when the rates of return are misrepresented due to an exogenous cash flow (GIPS 2.B.2). The underlying assumption, however, is contradictory. In order to ascertain whether a misrepresentation has occurred, a portfolio would have to be valued in the event of every exogenous cash flow, and each rate of return calculated by differing methods would need to be compared.

Setting a ceiling for the level of fund movement above which a portfolio must be revalued (e.g., a "10% ceiling") cannot be substantiated mathematically. Even relatively small fund inflows or outflows relative to the inventory value can lead to significant differences between approximate and exact valuations in a portfolio.

5.1.4 *Zinsansprüche bei Anleihen und allen anderen Wertpapieren, bei denen sich Zinsansprüche ergeben, müssen bei der Berechnung der Performance eines Portfolios für alle ausgewiesenen Berechnungsperioden berücksichtigt werden.*

Die Verfälschungen, die sich bei Nichtberücksichtigung der Zinsansprüche ergeben, erschienen der Kommission so gravierend, daß sie die GIPS in diesem Punkt übernommen hat. Insbesondere müssen Zinsansprüche auch für Perioden vor dem Inkrafttreten der Standards berücksichtigt werden.

5.2 Anmerkungen zu den Empfehlungen

5.2.1 *Es wird nachdrücklich empfohlen, Portfolios bei jeder exogenen Mittelbewegung zu bewerten.*

Dieser Punkt ist als Ergänzung zur Richtlinie 1.1.3 anzusehen. Hinsichtlich der Genauigkeit der berechneten Performancewerte ist die Bewertung bei exogenen Mittelbewegungen gleichwertig zur täglichen Bewertung. Eine approximative Berechnung von Performancewerten über einen Zeitraum, in dem nur am Anfang und am Ende der Periode Bewertungen des Portfolios vorgenommen wurden, kann beispielsweise mit Hilfe der modifizierten Dietz-Methode erfolgen. Falls es innerhalb dieses Zeitraums zu Mittelbewegungen gekommen ist, ist der berechnete Performancewert nur ein Näherungswert. Insbesondere kann bei starken Marktschwankungen der berechnete Wert erheblich von dem wirklichen Performancewert (d. h. exakt ermittelte zeitgewichtete Performance) abweichen. Die GIPS empfehlen, ein Portfolio neu zu bewerten, wenn die Performancewerte aufgrund einer Mittelbewegung verfälscht werden (GIPS 2.B.2). Die hierbei zugrunde gelegte Gedankenkette ist jedoch widersprüchlich. Um festzustellen, ob eine Verfälschung vorliegt, müßte ein Portfolio bei jeder externen Mittelbewegung bewertet und die nach den unterschiedlichen Methoden berechneten Performancewerte miteinander verglichen werden.

Die Festlegung einer oberen Schranke für die Mittelbewegung, ab der ein Portfolio bewertet werden soll (z. B. eine "10%-Schranke"), läßt sich mathematisch nicht begründen. Auch im Vergleich zum Inventarwert geringe Mittelzu- bzw. Mittelabflüsse eines Portfolios können zu signifikanten Differenzen zwischen Näherungswerten und den exakten Werten führen.

Given these objections to the GIPS recommendations, the Commission decided to recommend that a new valuation be undertaken with every cash flow movement.[1]

5.2.2 *Each performance calculation should be based on trade-date valuation. Use of settlement-date valuation is acceptable, however trade-date valuation is the ideal.*

Using trade-date valuation permits inclusion of all transactions prior to the respective valuation date. This is the standard in Germany and in most other countries. However, one must concede that trade-date valuation frequently can only be approximated due to entry delays or cancellations. This is why the Commission recommends the use of trade-date valuation but does not require it as a guideline.

5.2.3 *Sources of exchange rates should be the same for the composite and the benchmark. In particular, the point of time in which the rate is set should correspond with that of the benchmark exchange rate.*

5.2.4 *In performing the valuation, the same source for exchange rates should be used.*

It is doubtless that for comparison purposes it is advantageous when the same exchange rate source is used for valuing a portfolio and for calculating the assigned benchmark. Many standard indices (e.g., the MSCI index) use the WM/Reuters London Close Rates.

The DVFA Commission is well aware of the obstacles that must be overcome in implementing this ideal. Not all indices are calculated on the basis of a unified foreign exchange source. For example, share prices of publicly traded funds could not be disclosed until 5:00 PM if the funds were valued using the WM/Reuters London Close Rates. Given such an impediment, the Commission decided not to make this recommendation a guideline.

1 Small cash flows (such as the outflow of a fee of some few hundred Euro from a fund worth millions), even in the case of extreme market fluctuations, will only lead to marginal mistakes. When the amount in question is so small, there is no need to revalue. It is not easy, however, to generally determine a limit under which the relationship of cash flow movement to fund volume does not lead to distortions.

Aufgrund dieser Einwände gegenüber der GIPS-Empfehlung hat sich die Kommission entschlossen, bei jeder Mittelbewegung stets eine Neubewertung zu empfehlen.[1]

5.2.2 *Jeder Performancerechnung sollte die "Handelstag"-Bewertung zugrunde liegen. Die "Valutatag"-Bewertung ist zwar zulässig, die "Handelstag"-Bewertung stellt aber das Ideal dar.*

Bei der "Handelstag"-Bewertung werden sämtliche Transaktionen vor dem jeweiligen Bewertungszeitpunkt berücksichtigt. Dies entspricht in Deutschland wie in den meisten anderen Ländern dem Standard. Allerdings muß man einschränkend hinzufügen, daß die "Handelstag"-Bewertung aufgrund von verzögerten Buchungen oder Stornierungen in vielen Fällen nur näherungsweise realisiert werden kann. Dies ist der Grund, warum die Kommission die "Handelstag"-Bewertung nur empfiehlt und nicht als Richtlinie vorschreibt.

5.2.3 *Die Quelle der Devisenkurse sollte mit der der Benchmark übereinstimmen. Insbesondere sollte der Zeitpunkt der Kursversorgung mit dem Zeitpunkt übereinstimmen, an dem die Benchmark-Devisenkurse ermittelt werden.*

5.2.4 *Bei der Bewertung sollten für die Devisenkurse stets die gleichen Quellen benutzt werden.*

Für den Vergleich zwischen den Performancewerten eines Portfolios und den Performancewerten der zugeordneten Benchmarks wäre es ohne Zweifel von Vorteil, wenn bei der Bewertung eines Portfolios die gleichen Devisenkursquellen benutzt würden, die der Berechnung der Benchmark zugrunde liegen. Viele der Standard-Indizes (z. B. die MSCI-Indizes) greifen auf die WM/Reuters-London-Close-Kurse zurück.

Die DVFA-Kommission ist sich der Hindernisse, die bei der Verwirklichung dieses Ideals zu überwinden sind, durchaus bewußt. Nach wie vor werden nicht alle Indizes unter Zugrundelegung einer einheitlichen Devisenkursquelle berechnet. Die Ermittlung der Anteilpreise von Publikumsfonds könnte erst nach fünf Uhr nachmittags durchgeführt werden, falls die Fonds mit WM/Reuters-London-Close-Kursen bewertet werden sollten. Aufgrund dieser Hindernisse hat sich die Kommission dagegen entschieden, die Empfehlung zur Richtlinie zu erheben.

---

[1] Minimale Mittelbewegungen (etwa der Abfluß einer Gebühr von wenigen Hundert Euro aus einem Millionenfonds) führen auch bei extremen Marktbewegungen zu vernachlässigbaren Fehlern. Bei derartig geringfügigen Beträgen entfällt somit die Notwendigkeit zu bewerten. Eine Grenze für das prozentuale Verhältnis von Mittelbewegung zum Fondsvolumen, unterhalb derer Mittelbewegungen nicht zu Verzerrungen führen, läßt sich jedoch nicht generell festlegen.

In the case of consolidated benchmarks (e.g., 40% Index X and 60% Index Y), Recommendation 1.2.3. is only meaningful if the individual components are based on the same exchange rate.

5.2.5 *Accrual accounting should be used for dividends as of the ex-dividend day. A similar recommendation holds for dividend-like accruals.*

The same objections apply in this case as with 5.2.2, regarding the realization of trade-date valuations. For this reason, the above approach is presented as a recommendation.

Bei zusammengesetzten Benchmarks (z. B. 40% Index X und 60% Index Y) ist die Empfehlung 1.2.3. natürlich nur dann sinnvoll, wenn die einzelnen Komponenten auf gleichen Devisenkursquellen basieren.

5.2.5 *Bei der Performancerechnung sollten Dividenden per Ex-Dividenden-Tag berücksichtigt werden. Eine analoge Empfehlung gilt für zu Dividenden äquivalente Erträge.*

Hier gelten die gleichen Einwände, die unter 5.2.2. hinsichtlich der Verwirklichung der "Handelstag"-Bewertung angeführt wurden. Aus diesem Grunde wurde die Verfahrensweise als Empfehlung formuliert.

6 Performance Calculation for Portfolios and Composites

6.1 Comments to the Guidelines

6.1.1 *Total return must be used. This includes realized and unrealized gains and losses, and all income (interest, dividends, etc.).*

The requirement to include all realized and unrealized gains and losses and all income is a generally accepted standard in Germany. In practice, however, this requirement is not always strictly followed. The Standards take this into account by allowing for exceptions.

The precondition for strict observance of the requirement is use of the trade-date valuation. This was strongly recommended (compare with 1.2.2) but not formulated as a guideline.

In many countries, the reimbursement of capital gains taxes is problematic. These frequently are not recorded as claims but rather included in the portfolio upon actual reimbursement. The Commission has decided not to formulate any detailed guidelines. However, an entity must document how tax repayments are handled.

6.1.2 *Time-weighted rates of return must be used to calculate total performance. Approximation methods (e.g., use of the modified Dietz Method) are also permissible. Rates of return for individual subperiods must be geometrically (multiplicatively) linked. Corresponding to 1.1.3, the length of the time for the adjustment may not exceed one month.*

To determine the time-weighted rate of return of a portfolio over a specific time period, the period is divided into subperiods so as to exclude any exogenous cash flows within the subperiods. Rates of return are then calculated for the subperiods by:

$$P_i = \frac{I^E - I^A}{I^A} ,$$

6 Berechnung von Performancewerten für Portfolios und Composites

6.1 Anmerkungen zu den Richtlinien

6.1.1 *Die Berechnung der Gesamtperformance ("total return") ist vorgeschrieben. Diese beinhaltet alle realisierten und unrealisierten Kursgewinne und -verluste sowie sämtliche Erträge (Zinsen, Dividenden, etc.).*

Die Forderung nach Berücksichtigung aller realisierten und unrealisierten Kursgewinne und -verluste sowie aller Erträge ist in Deutschland ein generell akzeptierter Standard. Allerdings wird in der Praxis diese Forderung oftmals nicht im strikten Sinn befolgt. Die Standards tragen dem Rechnung, indem sie Ausnahmen zulassen.

Voraussetzung für die strikte Einhaltung der Forderung ist die Anwendung der "Handelstag"-Bewertung. Diese wurde zwar nachdrücklich empfohlen (vgl. 1.2.2), jedoch nicht als Richtlinie formuliert.

In vielen Ländern ist bekanntlich die Rückerstattung von Kapitalertragsteuern problematisch. Oftmals werden diese nicht als Ansprüche verbucht, sondern erst bei der tatsächlichen Erstattung wieder im Portfolio berücksichtigt. Die Kommission hat sich entschlossen, in dieser Frage keine detaillierten Richtlinien zu formulieren. Es muß aber dokumentiert werden, wie eine Einheit mit Steuerrückerstattungen verfährt.

6.1.2 *Der Wert der Gesamtperformance muß mittels der Methode zur Berechnung der zeitgewichteten Performance berechnet werden. Dabei sind Näherungsmethoden (z. B. die Verwendung der modifizierten Dietz-Methode) zulässig. Die für die einzelnen Subperioden ermittelten Performancewerte müssen in geometrischer (multiplikativer) Form miteinander verknüpft werden. Entsprechend der Bestimmung 1.1.3 darf die Periodenlänge für die Näherungsverfahren einen Monat nicht überschreiten.*

Zur Ermittlung der zeitgewichteten Performance eines Vermögens über eine Periode unterteilt man diese Periode in Unterperioden, so daß innerhalb dieser Unterperioden keine exogenen Mittelbewegungen stattfinden. Innerhalb der Unterperioden berechnet man dann die Performancewerte in elementarer Weise:

$$P_i = \frac{I^E - I^A}{I^A}.$$

where I^A and I^E symbolize the inventory value at the beginning and end of period i. The time-weighted rate of return P is the multiplicative (geometric) link for all such determined values:

$$1+P=(1+P_1)*(1+P_2)*\cdots.$$

The modified Dietz Method permits to approximately calculate rates of return within a period in which the exogenous cash flows took place (maximum length: 1 month). The formula is as follows:

$$P_i=\frac{I^E-I^A+\sum_{j=1}^{N_1}A_j-\sum_{j=1}^{N_2}E_j}{I^A-\sum_{j=1}^{N_1}A_j^*+\sum_{j=1}^{N_2}E_j^*},$$

where the A_j represent N_1 subtractions and the E_j N_2 additions within the period i. A^*_j and E^*_j represent the (linear) time-weighted contributions or withdrawals. Calculation of these time-weighted values is described in detail in 6.2.1. The rates of return determined by that method for the individual periods are linked, as above, in multiplicative form.

6.1.3 *When calculating rates of return, interest and other accrued income must be included in both the numerator and denominator.*

This guideline emphasizes the necessity of including interest and other accrued income when calculating performance (compare with 1.1.4 and 2.1.3.) and is the standard procedure in Germany.

6.1.4 *If the calculation of composite rates of return is based on the rates of return of individual portfolios, then the portfolio returns should be weighted according to their size. Rates of return must be linked geometrically and the adjustment period may not exceed one month.*

Assuming rates of return for individual portfolios, the total return P_j^C for the composite C in the period j is computed by the following formula:

I^A und I^E bezeichnen den Inventarwert zu Beginn bzw. am Ende der *i*-ten Periode. Der zeitgewichtete Performancewert P ergibt sich aus der multiplikativen (geometrischen) Verknüpfung aller so ermittelten Werte:

$$1 + P = (1 + P_1) * (1 + P_2) * \cdots .$$

Mit der modifizierten Dietz-Methode kann man die Performancewerte innerhalb von Perioden, in denen exogene Mittelbewegungen stattgefunden haben (maximale Länge: 1 Monat), näherungsweise berechnen. Die Formel lautet:

$$P_i = \frac{I^E - I^A + \sum_{j=1}^{N_1} A_j - \sum_{j=1}^{N_2} E_j}{I^A - \sum_{j=1}^{N_1} A_j^* + \sum_{j=1}^{N_2} E_j^*},$$

wobei die A_j die N_1 Entnahmen und die E_j die N_2 Einbringungen innerhalb der *i*-ten Periode sind. Die A^*_j und E^*_j bezeichnen die (linear-) zeitgewichteten Entnahmen bzw. Einbringungen. Die Berechnung dieser zeitgewichteten Größen wird in 6.2.1. detailliert beschrieben. Die derart für die einzelnen Perioden ermittelten Performancewerte verknüpft man analog zu oben in multiplikativer Form.

6.1.3 *Bei der Berechnung der Performancewerte müssen die Zinsansprüche und andere Forderungen sowohl im Zähler als auch im Nenner berücksichtigt werden.*

In dieser Richtlinie wird die Berücksichtigung der Zinsansprüche bei der Berechnung der Performance (vgl. 1.1.4 bzw. 2.1.3.) hervorgehoben. Die Berücksichtigung der Ansprüche entsprechend der Richtlinie ist in Deutschland Standard.

6.1.4 *Wird bei der Berechnung der Composite-Performancewerte von den einzelnen Portfolios ausgegangen, dann sind die Portfolio-Performancewerte gemäß der Portfoliogröße zu gewichten. Die Performancewerte der einzelnen Perioden sind wieder geometrisch zu verknüpfen. Bei dieser Verknüpfung darf die Periodenlänge einen Monat nicht überschreiten.*

Ausgehend von den Performancewerten der individuellen Portfolios berechnet sich die Gesamtperformance P_j^C für ein Composite C in der Periode j mittels folgender Formel:

$$P_j^C = \frac{\sum_{i=1}^{N_j} I_i^j * P_i^j}{\sum_{i=1}^{N_j} I_i^j},$$

where I_i^j is the inventory value and P_i^j the return of the *i*-th portfolio of the composite in the *j*-th period (compare with 6.2.1.). N_j represents the number of portfolios in the composite in the *j*-th period. The performance calculation of a composite over a longer period of time (multiple periods), P_T^C, is achieved by geometrically (multiplicatively) linking rates of return within an individual period:

$$1 + P_T^C = (1 + P_1^C) * (1 + P_2^C) * \ldots$$

6.1.5 *Revenue from cash and cash equivalents held in portfolios must be included in total return calculations.*

This is the standard in Germany. For a discussion of the special issue of carve-outs, see 3.5.6.

6.1.6 *Rates of return must be based on inventory values in which all broker commissions, securities transaction taxes, and other trading expenses and taxes are accounted for and presented in a performance-lowering manner.*

Whereas performance may be adjusted for fees (mangement fees, account fees) in calculating gross returns, this is not permitted in the case of transaction costs. In contrast to fees, transaction costs are interpreted as an inseparable part of the management process. Simply stated: If a manager frequently rearranges his portfolio, this must be reflected in the portfolio's performance.

6.2 Comments to the Recommendations

6.2.1 Calculation of Composite Rates of Return

6.2.1.1 *Two methods for calculating composite rates of return are recommended. One method consists of aggregating all portfolios in a composite (including any cash flows) in one umbrella portfolio in order to compute rates of return as for portfolios. An alternative method takes individual portfolio rates of return and weights them according to portfolio size (compare with 2.1.4).*

$$P_j^C = \frac{\sum_{i=1}^{N_j} I_i^j * P_i^j}{\sum_{i=1}^{N_j} I_i^j},$$

wobei mit I_i^j der Inventarwert und mit P_i^j die Performance des *i*-ten Portfolios im Composite in der *j*-ten Periode bezeichnet werden (vgl. 6.2.1.). N_j bezeichnet die Anzahl der Portfolios im Composite in der *j*-ten Periode. Die Berechnung der Performance eines Composites über einen längeren Zeitraum (mehrere Perioden), P_T^C, erfolgt mittels geometrischer (multiplikativer) Verknüpfung der Performancewerte innerhalb der einzelnen Perioden:

$$1 + P_T^C = (1 + P_1^C) * (1 + P_2^C) * \ldots$$

6.1.5 *Die Performancewerte von Portfolios müssen unter Berücksichtigung der Kassekonten und äquivalenter Positionen berechnet werden.*

Dies entspricht dem Standard in Deutschland. Zur besonderen Problematik der sogenannten "Carve-Outs" siehe 3.5.6.

6.1.6 *Die Berechnung von Performancewerten muß auf Inventarwerten basieren, bei denen Brokerkommissionen, Börsensteuern und andere mit Transaktionen verbundene Gebühren und Steuern schon in performancemindernder Weise berücksichtigt worden sind.*

Während die Performance um die Gebühren (Verwaltungsvergütung, Depotgebühr) bereinigt werden darf (Bruttoperformance), ist dies bei den Transaktionskosten nicht zulässig. Im Gegensatz zu den Gebühren werden die Transaktionskosten als nicht separierbarer Teil des Managementprozesses interpretiert. Einfach ausgedrückt: Schichtet ein Portfoliomanager häufig um, dann muß dies in der Performance Berücksichtigung finden.

6.2 Anmerkungen zu den Empfehlungen

6.2.1 Berechnung der Composite-Performancewerte

6.2.1.1 *Zur Berechnung der Composite-Performancewerte werden zwei Verfahrensweisen empfohlen. Eine Methode besteht darin, alle Portfolios eines Composites zu einem übergeordneten Portfolio zu aggregieren (ebenso die Mittelbewegungen), um dann die Performancewerte entsprechend der Vorgehensweisen für Portfolios zu berechnen. Alter-*

6.2.1.2 *If the calculation of composite return is based on the returns of individual portfolios, either beginning-of-period weightings (beginning-of-period inventory value) or average-of-period weightings (inventory value plus time-weighted cash flows) should be used.*

According to the recommendation, inventory values for the beginning and end of the respective periods, or average inventory values, should be used to calculate composite rates of return.

If E^i_k and A^i_k are the dates of the k-th contribution and the k-th withdrawal for the i-th portfolio, and M is the number of days within the j-th period, then the weighted inventory value I^{VG}_i within the j-th period is calculated as

$$I_i^{VG} = I_i^0 + E_1 * \frac{M - E_1^i}{M} + E_2 * \frac{M - E_2^i}{M} + \ldots - A_1 * \frac{M - A_1^i}{M} - A_2 * \frac{M - A_2^i}{M} - \ldots ,$$

where I^0_i represents the inventory value at the beginning of the j-th period. For the sake of clarity, the variables were not additionally indexed with the period index j. The formula above assumes that cash flows always take place at the end of the respective trade-day. If another convention is selected, the numerators of the above formula must be modified. For example, under the assumption that cash flows take place at the beginning of the trade-day, then the following substitutions must be made:

$$M - E_1^i \longrightarrow M - E_1^i + 1 \quad \text{etc.}$$

6.2.2 *Portfolio returns should be calculated net of non-reclaimable taxes on dividends, interest and capital gains in a performance-lowering manner.*

Whether a tax is reclaimable in many cases depends on the tax situation of a particular investor. An example is Germany's corporate income tax, which foreigners generally are unable to reclaim.

In the case of a tax that is not reclaimable for all investors (such as the German corporate income tax), an entity can decide whether to treat it as reclaimable or non-reclaimable. However, the entity must disclose how it treats all individual taxes (compare with the section on Presentation of Performance Results).

nativ zu dieser Verfahrensweise kann von den einzelnen Performancewerten der Portfolios ausgegangen werden, wobei diese entsprechend der Portfoliogröße zu gewichten sind (vgl. 2.1.4).

6.2.1.2 *Sofern bei der Berechnung der Performance von Composites von den Performancewerten der individuellen Portfolios ausgegangen wird, sollten entweder die Gewichtungen zu Beginn der jeweiligen Periode (Inventarwerte zu Beginn der Periode) oder über die Periode gemittelte Gewichte (Inventarwert plus die zeitgewichteten Mittelbewegungen) verwendet werden.*

Gemäß der Empfehlung sollten bei der Berechnung der Compositeperformance Inventarwerte zu Beginn der jeweiligen Periode oder die gemittelten Inventarwerte benutzt werden.

Bezeichnet man mit E^i_k und A^i_k die Zeitpunkte für die k-te Einbringung bzw. die k-te Entnahme bzgl. des i-ten Portfolios und mit M die Anzahl der Tage innerhalb der j-ten Periode, dann berechnen sich die gewichteten Inventarwerte I^{VG}_i innerhalb der j-ten Periode zu

$$I_i^{VG} = I_i^0 + E_1 * \frac{M - E_1^i}{M} + E_2 * \frac{M - E_2^i}{M} + \ldots - A_1 * \frac{M - A_1^i}{M} - A_2 * \frac{M - A_2^i}{M} - \ldots$$

I^0_i bezeichnet den Inventarwert zu Beginn der j-ten Periode. Der Übersichtlichkeit halber wurden die Variablen nicht noch zusätzlich mit dem Periodenindex j indiziert. Bei obiger Formel setzt man voraus, daß die Mittelbewegungen stets zum Ende der jeweiligen Handelstage erfolgen. Wählt man eine davon abweichende Konvention, dann müssen die Zähler in obiger Formel modifiziert werden. Setzt man z. B. voraus, daß die Mittelbewegungen zu Beginn der jeweiligen Handelstage erfolgen, dann müssen folgende Substitutionen durchgeführt werden:

$$M - E_1^i \longrightarrow M - E_1^i + 1 \quad \text{etc.}$$

6.2.2 *Bei der Berechnung der Performance eines Portfolios sollten alle nicht rückforderbaren Steuern auf Erträge und Kursgewinne in performancemindernder Weise berücksichtigt werden.*

Ob eine Steuer rückforderbar ist oder nicht hängt in vielen Fällen von der individuellen Steuersituation der Investoren ab. Als Beispiel führen wir die deutsche Körperschaftsteuer an, auf deren Rückerstattung ein ausländischer Investor in der Regel keinen Anspruch hat.

Bei einer Steuer, die (wie die deutsche Körperschaftsteuer) nicht für alle Investoren rückforderbar ist, können die Einheiten selbst entscheiden, ob sie wie eine rückforderbare oder nicht rückforderbare

For example, the calculation of performance according to the BVI Method treats the German corporate income tax (as well as the solidarity surcharge for East Germany and the interest withholding tax) like a reclaimable tax since this calculation method assumes reinvestment of all distributions.

Steuer behandelt wird. Dabei ist offenzulegen (vergleiche den Abschnitt über die Präsentation von Performancewerten), wie mit einzelnen Steuern verfahren wird.

Beispielsweise wird bei der Berechnung der Performance gemäß der BVI-Methode die deutsche Körperschaftsteuer (ebenso wie der Solidaritätszuschlag und die Zinsabschlagsteuer) wie eine rückforderbare Steuer behandelt, denn diese Berechnungsmethode geht von der Wiederanlage der gesamten Ausschüttung aus.

7 Presentation of Historical Performance Results

7.1 Definition of the Entity

From the perspective of the investor, the definition and scope of the asset management company or organizational unit is an important factor in decision-making. These organizational forms are characterized as the "entity" in the Standards. Asset management service providers therefore must be given the opportunity to clearly describe and publicize information on their companies or units. Legal definitions and characteristics are central to this purpose but do not cover all possible requirements. For this reason, the DVFA Performance Presentation Standards stipulate the determination of the unit on the basis of organizational characteristics.

An example is branches of banks that offer independent asset management services. Assuming fully autonomous handling of portfolios, each individual branch can be defined as an independent entity. Presentations of a particular branch may comply with the Standards even if other branches or the overall company do not conform to the guidelines of the DVFA Performance Presentation Standards. An analogous situation would be an asset management company that manages "Spezialfonds" and mutual funds separately, both in terms of content and organization, within the same company. In this case, the Standards allow for that part of the company that manages "Spezialfonds" and the part responsible for mutual funds to be defined as independent sub-entities.

In addition to the separation of legal entities into multiple organizational sub-entities, the Standards also permit the reverse. For purposes of providing supplemental information, individual units can be consolidated for presentational purposes. An example would be an entity characterized by centralized asset management decision-making, in which client portfolios nevertheless are managed by individual companies. These companies could group together to form one entity for presentation purposes. In this case, the DVFA Performance Presentation Standards require that the following conditions be met:

7 Präsentation historischer Performanceergebnisse

7.1 Bestimmung der Einheit

Aus der Sicht eines Anlegers stellen die inhaltliche Definition und Abgrenzung der Gesellschaft bzw. Organisationseinheit, die sein Vermögen verwalten wird, wichtige Entscheidungsgrundlagen dar. In den Standards werden derartige Organisationsformen als Einheit bezeichnet. Anbietern entsprechender Dienstleistungen muß deshalb die Möglichkeit gegeben werden, ihr Unternehmen bzw. ihre Unternehmenseinheiten klar und eindeutig zu beschreiben und nach außen darzustellen. Rechtliche Abgrenzungsmerkmale stehen dabei im Mittelpunkt, decken jedoch nicht alle möglichen Anforderungen ab. Aus diesem Grunde sehen die DVFA-Performance Presentation Standards zusätzlich die Bestimmung der Einheit auf Basis organisatorischer Merkmale vor.

Als Beispiel hierfür stehen Niederlassungen und Filialen von Kreditinstituten, die eine eigenständige Vermögensverwaltung anbieten. Unter der Voraussetzung einer autonomen Disposition der Portfolios, kann jede einzelne Niederlassung/Filiale als eigenständige Einheit definiert werden. Präsentationen einer einzelnen Niederlassung/ Filiale befinden sich auch dann in Übereinstimmung mit den Standards, wenn andere Niederlassungen/Filialen bzw. das gesamte Unternehmen die Richtlinien der DVFA-Performance Presentation Standards nicht erfüllen sollten. Eine analoge Vorgehensweise ist auch bei Kapitalanlagegesellschaften denkbar, die die Verwaltung von Spezial- und Publikumsfonds inhaltlich bzw. organisatorisch getrennt voneinander im gleichen Unternehmen durchführen. In diesem Falle könnten der Teil des Unternehmens, der Spezialfonds verwaltet, und der für Publikumsfonds zuständige Bereich jeweils als eigenständige Teileinheiten im Sinne der Standards definiert werden.

Neben der Aufteilung einer rechtlichen Einheit in mehrere organisatorische Einheiten erlauben die Standards auch eine umgekehrte Vorgehensweise. Dabei besteht die Möglichkeit, im Rahmen zusätzlicher Informationen einzelne Einheiten für Präsentationszwecke zusammengefaßt darzustellen. Als Beispiel hierfür ist ein Konzern denkbar, in dem Anlageentscheidungen zentral getroffen, die Kundenportfolios jedoch in unterschiedlichen Unternehmen geführt werden. Diese Unternehmen können sich für Präsentationszwecke zu einer Einheit zusammenfassen, wobei die DVFA-Performance Presentation Standards folgende Voraussetzungen fordern:

- Each individual sub-entity must comply with Standard guidelines.
- The consolidated entity also must comply with the guidelines.
- A portfolio may be assigned only to the composite of its corresponding entity.
- All composites of the entities must be presented.
- Composites drafted according to the same rules must be consolidated into one composite.

GIPS does not provide for the possibility of presentations by consolidated entities.

The flexibility resulting from the various options available to define the entity, however, must not compromise a clear and comprehensive presentation. For this reason, the Standards impose a number of requirements for defining and characterizing the entity:

- The entity must be publicly presented as an independent entity.
- The definition of the entity must be contained in the presentation documents.
- The definition must remain consistent over time.
- A complete list and description of all composites managed by the entity must be available.
- All assets under management, including any changes over time, must be accounted for.
- Descriptions of consolidated entities are permissible only as supplemental information subject to the above-mentioned conditions.

7.2 Construction of Composites

Presentation of historical performance on the basis of composites is a central requirement for compliance with the DVFA Performance Presentation Standards. A composite is defined as the consolidation of portfolios and/or parts of portfolios (carve-out composites) with similar investment strategies and objectives. This definition should make it possible to obtain a comprehensive overview of the quality of products being offered. A precondition is the inclusion of all portfolios that an entity independently and completely manages. Complete responsibility assumes a high degree of discretion on the part of the entity. Only such portfolios provide representative insight into the quality of the entity's expertise in managing assets.

- Jede einzelne Teileinheit muß die Richtlinien der Standards einhalten.
- Die zusammengefaßte Einheit muß die Richtlinien ebenfalls einhalten.
- Ein Portfolio darf nur den Composites der entsprechenden Einheit zugeordnet werden.
- Alle Composites der Einheiten sind darzustellen.
- Composites, die nach gleichen Regeln konzipiert werden, sind zu jeweils einem Composite zusammenzufassen.

Die Möglichkeit der Präsentation zusammengefaßter Einheiten ist in den GIPS nicht vorgesehen.

Die sich aus den Gestaltungsmöglichkeiten ergebende Flexiblität darf jedoch nicht im Widerspruch zu einer klaren und umfassenden Präsentation stehen. Aus diesem Grunde stellen die Standards eine Reihe von Anforderungen an die Definition und Darstellung der Verwaltungseinheit:

- Die Einheit muß der Öffentlichkeit gegenüber als eigenständige Einheit geführt werden.
- Die Definition der Einheit muß in den Präsentationsunterlagen enthalten sein.
- Die gegebene Definition muß im Zeitablauf konsistent eingehalten werden.
- Auf eine komplette Zusammenstellung und Beschreibung aller Composites der Einheit muß hingewiesen werden.
- Das insgesamt unter Verwaltung stehende Vermögen muß – auch im Zeitablauf – ausgewiesen werden.
- Darstellungen zusammengefaßter Einheiten sind nur als Zusatzinformation und unter den oben beschriebenen Voraussetzungen möglich.

7.2 Bildung von Composites

Die Darstellung der historischen Performance anhand von Composites ist eine zentrale Anforderung für die Einhaltung der DVFA-Performance Presentation Standards. Unter einem Composite ist dabei die Zusammenfassung von Portfolios und/oder Teilen von Portfolios ("Carve-Out-Composites") mit vergleichbarer Anlagestrategie und/oder Anlageziel zu verstehen. Durch diese Vorgehensweise soll dem Betrachter ein umfassender Einblick in die Qualität der Produkte des Anbieters gegeben werden. Voraussetzung hierfür ist die Berück-

In this context, the Standards require that all portfolios managed without significant external restrictions be assigned to at least one composite. Examples of external restrictions include:

- Client mandate that does not completely correspond with the usual investment style of the entity.
- Recognition of individual tax aspects of the investor that lead to limitations on the discretionary freedom of the entity.
- Laws and regulations that affect the investor and limit the discretionary freedom of the entity.
- Extreme cash flows in or out of portfolios.

The range and type of possible restrictions for all cases and all entities is too extensive to be listed completely. For this reason, the entity must define the restriction limits itself and consistently apply them. In the event of significant, exogenous cash flows, portfolios may be temporarily removed from composites. In such cases, the number of portfolios removed per calendar year must be disclosed. For example, if within one calendar year Portfolio A in January and June, and Portfolio B from August to September, are removed from Composite XY for reasons of significant cash flows, the entity must disclose that two portfolios were temporarily removed from Composite XY during that calendar year. The underlying method, based on documented policies that are applied to the entire entity, also must be disclosed.

Portfolios that share investment strategies or objectives must be grouped in the same composite. The entity thus has the opportunity to present the results of many identically or similarly oriented portfolios, as well as the structure of its product range in a summarized format. One is thus able to gain a broad overview of the structure and quality of the management approach. Concrete criteria for the construction of composites include:

sichtigung aller Portfolios, die die jeweilige Einheit vollständig eigenverantwortlich verwaltet. Eine vollständige Verantwortung setzt ein Höchstmaß an Entscheidungsfreiheit durch die Einheit voraus. Nur solche Portfolios gewähren einen repräsentativen Einblick in die Qualität der Managemententscheidungen.

Vor diesem Hintergrund fordern die Standards, daß alle Portfolios, die ohne erhebliche externe Restriktionen verwaltet werden, zumindest einem Composite zuzuordnen sind. Als Beispiele für externe Restriktionen stehen:

- Anlagerichtlinien des Kunden, die nicht vollständig dem normalerweise praktizierten Anlagestil der Einheit entsprechen.
- Beachtung individueller steuerlicher Aspekte des Anlegers, die zur Einschränkung der Dispositionsfreiheit der Einheit führen.
- Gesetze und Vorschriften, die den Anleger betreffen und die Dispositionsfreiheit der Einheit einschränken.
- Extreme Mittelzu- und -abflüsse in Portfolios.

Art und Umfang der Restriktionen lassen sich nicht einheitlich für alle Fälle und alle Einheiten festlegen. Aus diesem Grunde muß die Einheit die Grenzen der Restriktionen selbst definieren und konsistent anwenden. Bei gravierenden exogenen Mittelbewegungen dürfen Portfolios temporär aus der Zuordnung zu Composites herausgenommen werden. In diesem Fall muß die Anzahl der pro Kalenderjahr herausgenommenen Portfolios ausgewiesen werden. Werden beispielsweise innerhalb eines Kalenderjahres Portfolio A im Januar und im Juni sowie Portfolio B von August bis September aufgrund erheblicher Mittelbewegungen aus einem Composite XY herausgenommen, so muß ausgewiesen werden, daß zwei Portfolios in dem betreffenden Kalenderjahr temporär aus dem Composite XY herausgenommen wurden. Die zugrunde gelegte Methode, die auf dokumentierten unternehmenseinheitlichen Vorgehensweisen basieren muß, ist dabei ebenfalls offenzulegen.

Portfolios, die vergleichbaren Anlagestrategien oder Anlagezielen unterliegen, müssen zu Composites zusammengefaßt werden. Der Einheit bietet sich dadurch die Möglichkeit, die Ergebnisse einer Vielzahl gleich oder ähnlich disponierter Portfolios komprimiert darzustellen sowie den Aufbau der Produktpalette in übersichtlicher Form zu präsentieren. Dem Betrachter ermöglichen Composites einen umfassenden Einblick in Strukturierung und Qualität des Managementansatzes. Als konkrete Ansatzpunkte zur Konzeption von Composites stehen:

- Identical or comparable country asset categories (e.g., European stocks, US$ bonds).
- Identical or comparable strategies (e.g., "growth stocks", "value stocks").
- Different levels of exposure (e.g., 10%-20% bonds, 80%-90% stocks).
- Identical benchmarks (e.g., DAX 100).
- Similar use of derivative instruments.
- Similar use of instruments for hedging foreign exchange risks.
- Similar risk categories (e.g., expressed by standard deviation, shortfall risk).
- Similar investment strategy (e.g., active, low tracking error, passive).
- Similar investment objectives (e.g., exceeding yields of the local bond market by combining up to x% stocks and/or foreign currency bonds; targeting a specific minimum return).

Individual segments of portfolios can also be used in constructing composites. A precondition in this case is that the removed segment be managed separately from other segments, and that liquidity is continuously and consistently allocated by segment. This also includes the appropriate distribution of returns and expenditures from cash positions. A removed segment, including its allocated share of liquidity, is characterized as a carve-out. Two basic alternatives are available for the allocation of weighting, expenditure and return effects of the cash position on segments:

- accounting allocation
- mathematical allocation

The accounting allocation involves maintaining separate accounts for each segment (e.g., stocks, bonds) in each applicable currency. Transactions are handled exclusively through each "segment account" while the degree of investment of segments is managed by transfers between the accounts. A similar approach can be used for the allocation of forward currency transactions. Transactions that affect the entire portfolio can only be allocated to segments arithmetically and using a previously defined approach. An example is the distribution of management fees in a net of fees computation. Given the fact that the accounting method offers a high degree of precision, this is the method that each entity should aim to use.

- Gleiche bzw. vergleichbare Länder-Asset-Klassen (z. B. Aktien Europa, Renten US-Dollar).
- Gleiche bzw. vergleichbare Strategien (z. B. "Growth Stocks", "Value Stocks").
- Gewichtungsbandbreiten von Anlageklassen (z. B. 10%-20% Renten, 80%-90% Aktien).
- Gleiche Benchmarks (z. B. DAX 100).
- Vergleichbarer Einsatz derivativer Instrumente.
- Vergleichbarer Einsatz von Devisenkursabsicherungsinstrumenten.
- Vergleichbare Risikoklassen (z. B. ausgedrückt durch Standardabweichung, Ausfallwahrscheinlichkeit).
- Vergleichbarer Investmentansatz (z. B. aktiv, "low tracking error", passiv).
- Vergleichbare Anlageziele (z. B. Übertreffen der Rendite eines lokalen Rentenmarktes durch Beimischung von bis zu x% Aktien und/oder Fremdwährungsrenten; Erzielung einer bestimmten Mindestrendite).

Bei der Bildung von Composites können auch einzelne Segmente von Portfolios berücksichtigt werden. Voraussetzung hierfür ist, daß ein herausgelöstes Segment unabhängig von den anderen Segmenten verwaltet wird und daß die Liquiditätsposition den Segmenten laufend und in konsistenter Weise zugeordnet wird. Dies schließt auch die sachgemäße Verteilung von Erträgen und Aufwendungen aus der Kassenhaltung mit ein. Ein herausgelöstes Segment unter Zuordnung der Liquiditätsposition wird als Carve-Out bezeichnet. Für die Zuordnung der Gewichtungs-, Aufwands- und Ertragseffekte der Liquiditätshaltung zu Segmenten stehen grundsätzlich zwei Alternativen zur Verfügung:

- die buchhalterische Zuordnung
- die mathematische Zuordnung

Im Rahmen einer buchhalterischen Zuordnung werden separate Konten für jedes Segment (z. B. Aktien, Renten) in jeder benötigten Währung geführt. Transaktionen werden ausschließlich über das entsprechende "Segmentkonto" abgewickelt, während die Investitionsgrade der Segmente durch Umbuchungen zwischen den Konten gesteuert werden. Eine analoge Vorgehensweise ist auch für die Zuordnung von Devisentermingeschäften anzuwenden. Geschäftsarten, die das gesamte Portfolio betreffen, können nur rechentechnisch und durch im voraus festzulegende Vorgehensweisen den Segmenten zugeordnet werden. Als Beispiel hierfür steht die Ver-

Mathematical approximation methods can also be used as an alternative that could be based on the following examples:

- Determination of the average weighting for liquidity positions in the portfolio using daily weightings from transactional amounts.
- Determination of the average weight of the segments that will be assigned to different composites by taking the daily-weighted transactions into account.
- Determination of the performance of liquidity positions as well as other segments.
- Distribution of the average weight of the liquidity positions to other segments.
- Calculation of segment returns including cash balance weights and cash balance returns.
- Determination of composite rates of return through weighting of previously determined sub-portfolios using respective market values at the beginning of the calculation period.

Futures and similar instruments that are components of the investment strategy of individual segments should be allocated to their respective segments when constructing a carve-out composite. If they serve only to manage the allocation between carve-outs, no allocation should take place.

Removing an individual segment from a portfolio or composite in the form of a carve-out does not imply that all segments of this composite or portfolio of composites must be removed and allocated to the appropriate composites.

If all portfolios of which carve-outs will be extracted share common strategies (e.g., global stocks 50%, global bonds 50%), components and transactions from the individual portfolios initially could be grouped in one composite. After that, the performance of the composite as well as the separately presented segments and cash positions can be determined by the above-referenced methods.

teilung der Verwaltungsvergütung bei "Net of Fees"-Berechnungen. Angesichts der Tatsache, daß der buchhalterische Ansatz ein hohes Maß an Genauigkeit liefert, stellt er die von jeder Einheit anzustrebende Methode dar.

Als Alternative hierzu können auch mathematische Näherungsverfahren angewandt werden, die beispielsweise auf folgender Vorgehensweise basieren:

- Bestimmung der Durchschnittsgewichtung der Liquiditätspositionen im Portfolio durch taggenaue Gewichtung von Transaktionsbeträgen.
- Bestimmung der Durchschnittsgewichtung der Segmente, die separaten Composites zugeordnet werden sollen, durch taggenaue Gewichtung von Transaktionsbeträgen.
- Ermittlung der Performance für die Liquiditätspositionen sowie der anderen Segmente.
- Verteilung des durchschnittlichen Gewichtes der Liquiditätspositionen auf die anderen Segmente.
- Berechnung der Segmentrenditen unter Einbeziehung der Kassegewichte und Kasserenditen.
- Bestimmung der Compositeperformancewerte durch Gewichtung der Performance der zuvor ermittelten "Sub-Portfolios" mit dem jeweiligen Marktwert zum Beginn der Berechnungsperiode.

Futures und vergleichbare Instrumente, die Bestandteil der Anlagestrategie einzelner Segmente sind, sind bei der Bildung von "Carve-Out-Composites" den jeweiligen Segmenten zuzuordnen. Dienen sie lediglich der Steuerung der Allokation zwischen den Carve-Outs, ist auf eine Zuordnung zu verzichten.

Das Herauslösen eines einzelnen Segments aus einem Portfolio oder Composite in Form eines "Carve-Outs" beinhaltet nicht, daß alle Segmente dieses Composites bzw. der Portfolios der Composites herausgelöst und entsprechenden Composites zugeordnet werden müssen.

Unterliegen alle Portfolios, aus denen "Carve-Outs" herausgelöst werden sollen, vergleichbaren Strategien (z. B. Aktien Global 50%, Renten Global 50%), so können Bestände und Transaktionen der einzelnen Portfolios zunächst zu einem Composite aggregiert werden. Danach wird die Performance des Composites sowie der separat darzustellenden Segmente und Kassepositionen mit der oben genannten Methode ermittelt.

In terms of allocating the liquidity effects, the two methods share the following characteristics:

- Allocation similar to the benchmark weighting of segments.
- Fixed and consistent distribution over time.
- Allocation according to the portfolio weighting of segments at the beginning of each accounting period.
- Allocation according to the average weighting of segments per accounting period.
- Use of liquidity to cover the difference between the average weighting of each segment in the portfolio and the average weighting of the respective benchmark segment. Segments without liquidity allocation that already have exceeded the benchmark weight are considered to be fully invested.

The following example should clarify this method:

Example: Portfolio/Composite to which a benchmark of 50% stocks and 50% bonds is allocated.

Average weight in portfolio [%]			Cash allocation [%]	
Stocks	**Bonds**	**Cash**	**Stocks**	**Bonds**
50	50	0	0	0
40	30	30	10	20
50	20	30	0	30
60	30	10	0	10
60	70	-30	0	0

All mathematical methods provide only an approximation to actual conditions. Given the fact that they are based on assumptions, the accuracy of these methods is questionable.

It should be noted that the distribution of cash segments and their gains/expenditures using mathematical methods is only possible under GIPS until 1.1.2005 (compare GIPS point 3.A.7). Until then, the performance contributions from cash segments, as outlined in the DVFA Performance Presentation Standards, may be distributed to the individual segments in accordance with the method selected by the entity. From 1.1.2005, carve-outs can only be included in such composites when they possess a separate cash balance (= cash balance only for transactions from this segment). It is likely that the DVFA Performance Presentation Standards will include similar regulations in the future.

Für die Verteilung der Liquiditätseffekte bestehen bei beiden Verfahren folgende Ansatzpunkte:

- Zuordnung analog der Benchmarkgewichtung der Segmente.
- Feste und im Zeitablauf unveränderte Verteilung.
- Zuordnung entsprechend der Portfoliogewichtung der Segmente zu Beginn einer jeden Berechnungsperiode.
- Zuordnung entsprechend der durchschnittlichen Gewichtung der Segmente pro Berechnungsperiode.
- Verwendung der Liquidität zur Abdeckung der Differenz zwischen der taggenau berechneten Durchschnittsgewichtung eines jeden Segments im Portfolio und seiner entsprechenden Durchschnittsgewichtung in der Benchmark. Segmente, die ohne Liquiditätszuordnung bereits das Benchmarkgewicht überschreiten, gelten dabei als voll investiert.

Das folgende Beispiel soll diese Vorgehensweise verdeutlichen:

Beispiel: Portfolio/Composite, dem eine Benchmark aus 50% Aktien und 50% Renten zugeordnet ist.

Durchschnittliches Gewicht im Portfolio [%]			**Zuordnung der Kasse [%]**	
Aktien	**Renten**	**Kasse**	**Aktien**	**Renten**
50	50	0	0	0
40	30	30	10	20
50	20	30	0	30
60	30	10	0	10
60	70	-30	0	0

Alle mathematischen Verfahren stellen lediglich eine Annäherung an reale Gegebenheiten dar. Angesichts der Tatsache, daß dabei von Annahmen ausgegangen wird, ist die Aussagekraft dieser Verfahren mit entsprechenden Mängeln behaftet.

Es sei darauf hingewiesen, daß eine Aufteilung der Kassesegmente und ihrer Erträge/Aufwendungen mit Hilfe mathematischer Verfahren im Rahmen der GIPS nur noch bis zum 1.1.2005 möglich ist (vgl. GIPS, Punkt 3.A.7). Bis dahin dürfen die Performancebeiträge von Kassesegmenten, wie in den DVFA-Performance Presentation Standards dargestellt, entsprechend einer von der Einheit festgelegten Methode auf die einzelnen Segmente verteilt werden. Ab dem 1.1.2005 können Carve-Outs in solchen Composites dagegen nur noch dann einbezogen werden, wenn sie über eine separate Kasse (=

In the case of portfolios derived from segments that have been accounted for entirely separately, the entity has the possibility of interpreting these segments as portfolios in keeping with the DVFA Performance Presentation Standards, and using these instead of the consolidated portfolios in constructing composites. This approach is suggested, for example, when the consolidated portfolio was constructed only in order to assure a compressed reporting and when the structure of this portfolio does not conform to the usual investment policy of the entity.

7.3 Presentation and Reporting

7.3.1 Presentation of Time Periods

One of the objectives of the DVFA Performance Presentation Standards is to assure the fair and comprehensive representation of an entity and its performance history. The objective of composite design is the inclusion of all portfolios.

At the point in time when an entity files a compliance declaration, it must present a history covering at least five calendar years, to the extent that five complete calendar years have transpired since the entity was founded. This is then extended in future to ten calendar years from the point of the compliance declaration. Depending on the interval after the compliance declaration is filed, an entity that possesses a history of five calendar years at the point in time of the compliance declaration is expected to abide by the following minimum intervals for the presentation of its historical results:

Length Since First Compliance Declaration	Minimum Interval for Performance Presentations
1 Year	6 Years
2 Years	7 Years
3 Years	8 Years
4 Years	9 Years
5 Years	10 Years

Kasse, über die nur Transaktionen dieses Segments abgewickelt werden) verfügen. Daher ist auch bei den DVFA-Performance Presentation Standards langfristig mit einer entsprechenden Regelung zu rechnen.

Bei Portfolios, die aus Segmenten bestehen, die buchhalterisch völlig separat geführt werden, hat die Einheit die Möglichkeit, die Segmente als Portfolios im Sinne der DVFA-Performance Presentation Standards zu interpretieren und diese anstelle des zusammengesetzten Portfolios bei der Bildung von Composites zu berücksichtigen. Diese Vorgehensweise liegt beispielsweise dann nahe, wenn das zusammengesetzte Portfolio nur deswegen gebildet wurde, um ein komprimiertes Reporting zu gewährleisten, und die Struktur dieses Portfolios nicht mit der gewöhnlichen Anlagepolitik der Einheit in Verbindung zu bringen ist.

7.3 Präsentation und Berichterstattung

7.3.1 Darzustellende Zeiträume

Eines der Ziele der DVFA-Performance Presentation Standards besteht darin, eine faire und umfassende Darstellung der Einheit sowie der historischen Performance sicherzustellen. So wird durch die Konzeption von Composites die Erfassung aller Portfolios angestrebt.

Zu dem Zeitpunkt, an dem eine Einheit eine Compliance-Erklärung abgibt, muß eine Historie von mindestens fünf Kalenderjahren präsentiert werden, sofern der Zeitraum seit der Gründung der Einheit fünf vollständige Kalenderjahre umfaßt. Diese ist dann ab dem Zeitpunkt der Compliance-Erklärung in der Zukunft auf zehn Kalenderjahre auszudehnen. In Abhängigkeit der Zeitdauer nach dem Zeitpunkt, an dem die Compliance-Erklärung erfolgt ist, werden somit für eine Einheit, die zum Zeitpunkt der Compliance-Erklärung über eine Historie von fünf Kalenderjahren verfügt, folgende Mindestzeiträume für die Präsentation historischer Ergebnisse gefordert:

Dauer nach erster Compliance-Erklärung	Mindestzeitraum für Performancepräsentationen
1 Jahr	6 Jahre
2 Jahre	7 Jahre
3 Jahre	8 Jahre
4 Jahre	9 Jahre
5 Jahre	10 Jahre

From the fifth year after filing the first compliance declaration, an entity would be obligated to produce a performance history of at least ten calendar years.

The minimum intervals for presenting the performance of an entity with a history of less than five calendar years would be treated similarly.

The same requirements apply to presenting the history of composite performance as for the history of the entire entity. Fundamentally, this consists of a history covering a minimum of five calendar years starting from the point of the first compliance declaration. Shorter intervals may only be presented for composites that have been exclusively allocated portfolios with shorter histories.

By limiting the history to five calendar years from the point of the first compliance declaration (or less, if fewer than five complete calendar years have passed since the entity was founded) the effort of preparing the necessary data series is kept to a reasonable level. Thus, a larger number of asset managers should be able to rapidly fulfill the requirements of the Standards and investors receive representative information to assess product quality.

7.3.2 Treatment of Management Fees

The Standards essentially permit the entity full discretion regarding accounting treatment of management fees when calculating performance data. It is recommended, however, that returns be presented gross of these expenditures, whereby the entity's expertise in managing assets is presented and a high degree of comparability is achieved. Management fees in this regard can include:

- Management fees.
- Asset custody fees (e.g., account fees).
- Account management fees.
- Portfolio audit costs.
- Any payments to public entities.

In order to eliminate the influence of expenditures on portfolio performance, they may be treated as exogenous cash flows when calculating rates of return.

Ab dem fünften Jahr nach der ersten Compliance-Erklärung wäre für eine solche Einheit ein Zeitraum von jeweils mindestens zehn Jahren Performancehistorie obligatorisch.

In analoger Weise würden sich die Mindestzeiträume für die Performancepräsentation für Einheiten darstellen, die zum Zeitpunkt der ersten Compliance-Erklärung über eine Historie von weniger als fünf Kalenderjahren verfügen.

Für die Präsentation der Compositehistorie gelten prinzipiell die gleichen Anforderungen wie für die Historie der gesamten Einheit. Grundsätzlich ist für die Präsentation der Compositeperformance eine Historie von mindestens fünf Kalenderjahren zum Zeitpunkt der ersten Compliance-Erklärung erforderlich. Kürzere Zeiträume dürfen nur für Composites dargestellt werden, denen ausschließlich Portfolios mit einer kürzeren Historie zugeordnet werden.

Durch die Begrenzung der darzustellenden Historie auf fünf Kalenderjahre zum Zeitpunkt der ersten Compliance-Erklärung (oder weniger, sofern der Zeitraum seit Gründung der Einheit keine fünf vollständigen Kalenderjahre umfaßt) wird der Aufwand für die Bereitstellung der erforderlichen Datenhistorie in einem wirtschaftlich vertretbaren Rahmen gehalten. Somit sollte es einer großen Anzahl von Vermögensverwaltern möglich sein, die Anforderungen der Standards rasch zu erfüllen. Gleichzeitig stehen Investoren repräsentative Informationen zur Beurteilung der Produktqualität bereit.

7.3.2 Behandlung von Verwaltungsgebühren

Die Standards stellen der Einheit die buchhalterische Behandlung von Verwaltungsgebühren bei der Ermittlung der Performancedaten grundsätzlich frei. Empfohlen wird jedoch der Ausweis von Performancewerten vor dem Abzug derartiger Aufwendungen, wodurch die reine Managementleistung dargestellt und ein Höchstmaß an Vergleichbarkeit erzielt werden soll. Als Verwaltungsgebühren gelten in diesem Zusammenhang beispielsweise:

- Verwaltungsvergütung.
- Gebühren für die Verwahrung von Anlagen (z. B. Depotgebühren).
- Kontoführungsgebühren.
- Kosten für die Prüfung der Rechnungslegung von Portfolios.
- Abgaben, die an öffentliche Stellen zu zahlen sind.

Zur Eliminierung des Einflusses von Aufwendungen auf die Performance eines Portfolios werden die entsprechenden Buchungen in der Performancemessung als Mittelabflüsse aus dem Portfolio erfaßt.

In the investment fund area, performance measurement on the basis of share prices of the funds (BVI-Method) is the market standard. Since expenditures are excluded when presenting share prices, this method shows performance net of costs. The determination of share prices "before costs" when calculating gross performance places heavy demands on asset managers. This is especially true for the requirement to compile retroactive data. In order to enable as many asset managers as possible to comply with the recommendation of presenting gross rates of return, the return before costs can be computed with an approximation method that adjusts monthly performance by the percentage of the calculated costs.

The following method applies to an example of a yearly fee deducted monthly or recorded in accounting terms:

The monthly constant factor K_j^C that is applicable in month *j* for a composite can be determined as follows:

$$K_j^C = \frac{\sum_{i=1}^{N_j} I_i^j * K_i^j}{\sum_{i=1}^{N_j} I_i^j},$$

where I_i^j denotes the inventory and K_i^j the monthly cost factor of the *i*-th portfolio in the composite during the *j*-th period. N_j represents the number of portfolios in the composite during the *j*-th period. For the determination of the inventory value, see 6.2.1.

The monthly cost factor K_i^j of the *i*-th portfolio can be determined from the yearly cost factor K_i of this portfolio as follows:

$$1 + \frac{K_i^j}{100} = \sqrt[12]{1 + \frac{K_i}{100}}.$$

With this method, the respectively applied monthly cost factor must be used, i.e., changes in the contractual cost factor (management fees, etc.) must be immediately taken into account. The monthly performance of the composite PV_j^C "before costs" in the *j*-th month, assuming performance of the composite PV_j^C, then can be determined in one of two ways. The choice depends on when the costs were charged to the portfolio or composite. If the charge takes place at the beginning of the calculation period (i.e., beginning of the

Im Bereich der Investmentfonds ist die Performancemessung auf Basis der Anteilpreise der Sondervermögen (BVI-Methode) der Marktstandard. Da bei der Ermittlung der Anteilpreise Aufwendungen abgezogen werden, ergibt diese Methode eine Performance nach Kosten. Die Ermittlung von Anteilpreisen "vor Kosten" zur Berechnung der Bruttoperformance ist für viele Vermögensverwalter mit einem hohen Aufwand verbunden. Dies gilt insbesondere für die geforderte rückwirkende Aufbereitung der Daten. Um es gleichwohl möglichst vielen Vermögensverwaltern zu ermöglichen, die Empfehlung, die Bruttoperformancewerte auszuweisen, umzusetzen, kann die Performance vor Kosten auch mit einem Näherungsverfahren berechnet werden, das die monatliche Performance um den Prozentsatz der zu berechnenden Kosten bereinigt.

Für das Beispiel einer auf Jahresbasis festgelegten und monatlich entnommenen bzw. buchhalterisch abgegrenzten Gebühr ergibt sich folgende Vorgehensweise:

Der im Monat j gültige monatliche Kostensatz K_j^C für ein Composite kann wie folgt ermittelt werden:

$$K_j^C = \frac{\sum_{i=1}^{N_j} I_i^j * K_i^j}{\sum_{i=1}^{N_j} I_i^j},$$

wobei mit I_i^j der Inventarwert und mit K_i^j der monatliche Kostensatz des *i*-ten Portfolios im Composite in der *j*-ten Periode bezeichnet werden. N_j bezeichnet die Anzahl der Portfolios im Composite in der *j*-ten Periode. Hinsichtlich der Ermittlung der Inventarwerte siehe 6.2.1.

Der monatliche Kostensatz K_i^j des *i*-ten Portfolios kann aus dem für dieses Portfolio vereinbarten jährlichen Kostensatz K_i wie folgt ermittelt werden:

$$1 + \frac{K_i^j}{100} = \sqrt[12]{1 + \frac{K_i}{100}}.$$

Bei dieser Vorgehensweise muß der im jeweiligen Monat gültige Kostensatz zugrunde gelegt werden, d. h. Änderungen des vertraglich vereinbarten Kostensatzes (Verwaltungsvergütung, etc.) müssen um-

month), then the performance before costs can be determined with the formula

$$1+\frac{PV_j^C}{100}=\left(1+\frac{P_j^C}{100}\right)*\left(1+\frac{K_j^C}{100}\right).$$

If, on the other hand, costs fall at the end of the month, the calculation should use the following formula:

$$1+\frac{PV_i^C}{100}=\left(1+\frac{P_j^C}{100}\right)/\left(1-\frac{K_j^C}{100}\right).$$

An alternative to this method would be initially to determine the rates of return of individual portfolios in a composite "before costs" on the basis of monthly cost factor K_i in the *j*-th month in order to calculate the performance of the composite "before costs" according to one of the methods described in 6.1.4.

The composite's rates of return in individual months "before costs" would then be linked to each other in multiplicative form (compare with 6.1.4).

In addition, any approximation methods that are employed to adjust performance in terms of costs in a more precise way, such as adjustment on a daily basis, naturally are permitted.

In portfolios that include all-in fees (i.e., a variety of costs are aggregated into one overall cost factor), the problem exists that certain fees, such as management compensation or account fees, do not lend themselves to being limited. In order to permit these kinds of portfolios to be incorporated into composites for which gross rates of return are calculated, it is permissible – given fundamentally realistic and verifiable assumptions on fee factors – to derive "before costs" performance from "after costs" performance in a manner similar to the approach described above. As long as an appropriate and verifiable distribution of costs is not possible, adjustment for costs cannot be made. In such a case, net portfolio performance must be used in calculating a composite's performance.

gehend berücksichtigt werden. Die monatliche Performance des Composites PV_j^C "vor Kosten" im *j*-ten Monat kann dann, ausgehend von der Performance P_j^C "nach Kosten", auf zweierlei Art und Weise ermittelt werden. Die Wahl richtet sich danach, wann die Kosten den Portfolios bzw. den Composites belastet werden. Erfolgt die Belastung am Anfang der Berechnungsperiode (also zu Beginn des Monats), dann kann die Performance "vor Kosten" mit der Formel

$$1+\frac{PV_j^C}{100}=\left(1+\frac{P_j^C}{100}\right)*\left(1+\frac{K_j^C}{100}\right)$$

ermittelt werden.

Werden die Kosten dagegen am Ende des Monats belastet, sollte die Berechnung mit der folgenden Formel erfolgen:

$$1+\frac{PV_i^C}{100}=\left(1+\frac{P_j^C}{100}\right)/\left(1-\frac{K_j^C}{100}\right).$$

Alternativ zu dieser Vorgehensweise können zunächst auch die Performancewerte der einzelnen Portfolios eines Composites "vor Kosten" unter Zugrundelegung der monatlichen Kostensätze K_i^j im *j*-ten Monat ermittelt werden, um dann die Performance des Composites "vor Kosten" im *j*-ten Monat gemäß einer der in 6.1.4 beschriebenen Methoden zu ermitteln.

Die Performancewerte des Composites einzelner Monate "vor Kosten" werden dann in multiplikativer Form miteinander verknüpft (vgl. 6.1.4).

Darüber hinaus sind selbstverständlich Näherungsverfahren zulässig, die die Performance in exakterer Weise um Kosten bereinigen, wie etwa die Bereinigung auf täglicher Basis.

Bei Portfolios, für die eine "all-in fee" vereinbart wurde (bei dieser Vorgehensweise werden verschiedene Kostenarten zu einem Gesamtkostensatz verbunden), besteht das Problem, daß sich bestimmte Gebühren, wie die Verwaltungsvergütung oder Depotgebühren, nicht eindeutig abgrenzen lassen. Damit derartige Portfolios in Composites eingegliedert werden können, für die Bruttoperformancewerte ausgewiesen werden, ist es zulässig, unter Zugrundelegung realistischer und nachvollziehbarer Annahmen über die Gebührensätze, ausgehend von der Performance "nach Kosten" die Performance "vor Kosten" in analoger Weise zur oben beschriebenen Verfahrensweise

7.3.3 Deviation of the Composite Structure from the Benchmark Structure

Point 3.7.16 requires that for composites which are compared with a benchmark the share of investments in asset categories or countries outside the benchmark are disclosed. This guideline must be interpreted by the entity in a meaningful way. If, for example, an entity characterizes a composite as a "German blue chip", then the interpretation of the expression "asset category" cannot be oriented exclusively to the benchmark structure. Otherwise, the shares of Commerzbank would have to be interpreted as blue chip when using the benchmark DAX 100, but not when using the country index MSCI Germany, since these shares are not included in the calculation of this index. Since the boundary between asset classes often is fluid, an entity additionally may use realistic estimates in such cases.

To the extent that no deviations from the benchmark structure are made, a negative report is not required.

zu ermitteln. Sofern eine sachgerechte nachvollziehbare Aufteilung der Kosten nicht möglich ist, darf eine Kostenbereinigung nicht durchgeführt werden. Somit muß bei der Berechnung der Performance des Composites die Nettoperformance des Portfolios verwendet werden.

7.3.3 Abweichung der Compositezusammensetzung von der Benchmarkstruktur

In Punkt 3.7.16 wird gefordert, bei Composites, die einer Benchmark gegenübergestellt werden, den Anteil an Investitionen, die in Anlageklassen sowie Ländern und Regionen außerhalb der Benchmark vorgenommen wurden, offenzulegen. Diese Richtlinie ist von der Einheit in sinnvoller Weise zu interpretieren. Charakterisiert eine Einheit beispielsweise ein Composite als "Deutsches Blue Chip-Composite", dann darf sich die Auslegung des Begriffs "Anlageklasse" offensichtlich nicht ausschließlich an der Benchmarkstruktur orientieren. Andernfalls müßte die Aktie der Commerzbank bei Verwendung der Benchmark DAX 100 als Blue Chip interpretiert werden, nicht aber bei Verwendung des Länderindexes MSCI Germany, da diese Aktie nicht in die Berechnung dieses Indexes einfließt. Da die Grenzen zwischen Anlageklassen fließend sein können, kann eine Einheit in solchen Fällen auch auf realistische Schätzwerte zurückgreifen.

Sofern keine Abweichungen gegenüber der Benchmarkstruktur vorgenommen wurden, ist eine Fehlanzeige nicht erforderlich.

D. Appendix

8 Dispersion Measures

DVFA-PPS require the computation of a measure for the dispersion of individual rates of return from the composite rate of return (compare with 3.7.5.). This Appendix presents several dispersion measures that the Commission deems appropriate to describe the dispersion of rates of return within a composite. This description is based on the 1997 AIMR Standards pp. 97 – 100, in which the application of individual criteria is described.

When calculating the respective dispersion measures over a time period (1 year), the Commission recommends the inclusion of only those portfolios that were assigned to the composite during the entire period.

8.1 Min-Max

This presents the rates of return of portfolios with the highest or lowest rate of return within a composite. This measure is best suited for composites with a lower number of portfolios. If a portfolio in a composite registers an extremely high or low rate of return, there is a danger that the measure does not adequately reflect the dispersion within the composite.

8.2 Simple Standard Deviation

The standard deviation S_C is defined as

$$S_C^2 = \sum_{i=1}^{N} \frac{1}{N}(P_i - \overline{P})^2,$$

where P_i represent the rates of return of N portfolios included in the composite. $\overline{P}$ is the average portfolio rate of return:

$$\overline{P} = \frac{1}{N}\sum_{i=1}^{N} P_i .$$

D. Anhang

8 Dispersionsmaße

Die DVFA-PPS schreiben vor, für die Composites eine Kennzahl für die Streuung (Dispersion) der einzelnen Performancewerte um die Performance des Composites zu berechnen (vgl. 3.7.5.). Dieser Anhang stellt verschiedene Dispersionsmaße dar, die die Kommission als geeignet ansieht, um die Streuung der Performancewerte innerhalb eines Composites zu beschreiben. Die Darstellung beruht auf den Ausführungen der 1997-AIMR-Standards S. 97 – S. 100. Dabei wird insbesondere der Anwendungsbereich der einzelnen Maße beschrieben.

Die Kommission empfiehlt, bei der Berechnung der jeweiligen Streuungsmaße über eine Periode (1 Jahr) nur jene Portfolios zu berücksichtigen, die diesem Composite während des gesamten Zeitraums zugeordnet waren.

8.1 Min-Max

Hierbei werden die Performancewerte der Portfolios mit der höchsten bzw. niedrigsten Performance innerhalb eines Composites angegeben. Dieses Maß eignet sich vor allem für Composites mit einer geringen Anzahl an Portfolios. Falls einige Portfolios in einem Composite extrem hohe bzw. niedrige Performancewerte aufweisen, besteht die Gefahr, daß dieses Maß die Streuung innerhalb des Composites nicht adäquat widerspiegelt.

8.2 Einfache Standardabweichung

Die Standardabweichung S_C ist definiert als

$$S_C^2 = \sum_{i=1}^{N} \frac{1}{N}(P_i - \overline{P})^2,$$

wobei P_i die Performancewerte der N im Composite berücksichtigten Portfolios bezeichnet. $\overline{P}$ ist die mittlere Portfolioperformance:

$$\overline{P} = \frac{1}{N}\sum_{i=1}^{N} P_i.$$

This risk measure is well known. If the composite contains few portfolios, or few portfolios were part of the composite during the entire period, then the standard deviation is not a statistically relevant measure.

8.3 Asset-weighted Standard Deviation

This measure presents a generalization of the ordinary standard deviation, the constant weighting factors ($\frac{1}{N}$) being replaced by the adjusted weighting factors q_i:

$$S_C^2 = \sum_{i=1}^{N} q_i (P_i - \overline{P})^2 .$$

$\overline{P}^{VG}$ represents the (asset weighted) total return of the composite

$$\overline{P}^{VG} = \sum_{i=1}^{N} q_i * P_i ,$$

and the q_i are the weighting factors:

$$q_i = \frac{I_i}{\sum_{i=1}^{N} I_i} .$$

I_i represents the inventory value of the i-th portfolio. It is recommended that inventory values averaged over the period be used. This measure does not provide much statistically useful information either if the composite contains only few portfolios.

8.4 Quartile Presentation

This method divides the composite according to its inventory values and rates of return into four quartiles. Asset-weighted rates of return are presented for the individual quartiles (or for the first and last quartile). The following example assumes one composite consisting of six portfolios:

Dieses Risikomaß ist wohlbekannt. Wenn das Composite nur wenige Portfolios umfaßt oder nur wenige Portfolios während der gesamten Periode Teil des Composites waren, dann ist die Standardabweichung keine statistisch sinnvolle Größe.

8.3 Volumengewichtete Standardabweichung

Dieses Maß stellt eine Verallgemeinerung der gewöhnlichen Standardabweichung dar. Dabei werden die konstanten Gewichtungsfaktoren $(\frac{1}{N})$ durch die angepaßten Gewichtungsfaktoren q_i ersetzt:

$$S_C^2 = \sum_{i=1}^{N} q_i (P_i - \overline{P})^2$$

.

$\overline{P}^{VG}$ bezeichnet die (volumengewichtete) Gesamtperformance des Composites

$$\overline{P}^{VG} = \sum_{i=1}^{N} q_i * P_i$$

und die q_i stellen die Gewichtungsfaktoren dar:

$$q_i = \frac{I_i}{\sum_{i=1}^{N} I_i}.$$

I_i bezeichnet den Inventarwert des i-ten Portfolios. Es wird empfohlen, über die Periode gemittelte Inventarwerte zu verwenden. Auch dieser Größe fehlt bei einer geringen Anzahl von Portfolios im Composite die statistische Aussagekraft.

8.4 Quartildarstellung

Bei dieser Methode werden die Composites entsprechend ihrer Inventar- und Performancewerte in vier Quartile aufgeteilt und für die einzelnen Quartile (oder für das erste und das letzte Quartil) volumengewichtete Performancewerte dargestellt. Im folgenden Beispiel wird von einem Composite ausgegangen, das aus sechs Portfolios besteht:

Portfolio	Return	Inventory Value (Euro Million)	Percentage of Composite Assets
A	20%	150	15%
B	18%	50	5%
C	15%	200	20%
D	12%	300	30%
E	11%	100	10%
F	9%	200	20%
		1000	100%

The four quartiles are then constructed as follows:

- Quartile 1: Portfolios A, B and 25% of Portfolio C
- Quartile 2: 75% of Portfolio C and 33.33% of Portfolio D
- Quartile 3: 66.66% of Portfolio D and 50% of Portfolio E
- Quartile 4: 50% of Portfolio E and Portfolio F.

According to this classification, the asset-weighted rates of return are computed as follows:

Quartile 1:

$$P = \frac{15}{25} * 20\% + \frac{5}{25} * 18\% + \frac{5}{25} * 15\% = 18.6\%$$

etc.

The results are summarized in the following table:

Segment	Asset-weighted Return
Quartile 1	18.6%
Quartile 2	13.8%
Composite Return	13.4%
Quartile 3	11.8%
Quartile 4	9.4%

This table can be expanded to include other information. For example, it may be useful to additionally present the rates of return of the portfolios with the highest or lowest return for each quartile.

Portfolio	Performance	Inventarwert (Mio Euro)	Prozent am Compositevolumen
A	20 %	150	15%
B	18 %	50	5%
C	15 %	200	20%
D	12 %	300	30%
E	11 %	100	10%
F	9 %	200	20%
		1000	100%

Die vier Quartile werden dann wie folgt gebildet:

- Quartil 1: Portfolios A, B und 25% von Portfolio C
- Quartil 2: 75% von Portfolio C und 33,33% von Portfolio D
- Quartil 3: 66,66% von Portfolio D und 50% von Portfolio E
- Quartil 4: 50% von Portfolio E und Portfolio F.

Gemäß dieser Einteilung werden die volumengewichteten Performancewerte wie folgt berechnet:

Quartil 1:

$$P = \frac{15}{25} * 20\% + \frac{5}{25} * 18\% + \frac{5}{25} * 15\% = 18{,}6\%$$

etc.

Die Ergebnisse sind in folgender Tabelle zusammengefaßt:

Segment	Volumengewichtete Performance
Quartil 1	18,6%
Quartil 2	13,8%
Composite-Performance	13,4%
Quartil 3	11,8%
Quartil 4	9,4%

Diese Tabelle ist um andere Informationen über die Streuung erweiterbar. Beispielsweise kann es sinnvoll sein, für jedes Quartil die Performancewerte der Portfolios mit der höchsten bzw. niedrigsten

Another possibility is to show the asset-weighted standard deviation for individual quartiles. The quartile presentation method can also be used for composites with few portfolios. The Commission reached the opinion that the entity should decide for itself which dispersion measure it will use.

Performance zusätzlich aufzuführen. Eine andere Möglichkeit besteht darin, die volumengewichtete Standardabweichung für die einzelnen Quartile anzugeben. Die Methode der Quartildarstellung ist auch auf Composites mit wenigen Portfolios anwendbar. Die Kommission kam zu der Überzeugung, daß die Einheit die Frage nach geeigneten Dispersionsmaßen für ihre Portfolios selbst entscheiden soll.

E. Comparison of DVFA-PPS[2] with GIPS[3]

GIPS	DVFA	Differences	Comments
12.	3.1.1.		
12.a., 12.b.	3.1.2.		
12.c.	na	Definition of the firm on the basis of base currency from portfolios not possible in DVFA-PPS.	As of 1.1.2005 also deleted from GIPS.
13.c.	4.1.5.	DVFA-PPS permit non-compliant data only as supplemental information.	
15.	4.1.1.		
17.	4.1.2.		
17.	4.1.4.		
17.	4.1.7.		
19.	na	Relation of GIPS – national standards. Not necessary to take on.	
20.	na	Relation of GIPS – national standards. Not necessary to take on.	
21.	A.		
1.A.1	1.1.1.		
1.A.2.	1.1.2.		
1.A.3.	1.1.3.	DVFA-PPS require monthly valuations; valuations in the case of each cash flow recommended (1.2.1.).	In GIPS mandatory as of 1.1.2001.
1.A.4.	1.2.2.	Trade-date accounting recommended in DVFA-PPS.	In GIPS mandatory as of 1.1.2005.
1.A.5.	1.1.4.		
1.A.6.	1.2.5.	Dividend accruals recommended in DVFA-PPS.	In GIPS mandatory as of 1.1.2005.
1.B.1.	1.2.3.		
2.A.1.	2.1.1.	GIPS refer only to "gains"; DVFA-PPS speak of "gains and losses".	

[2] Version 2 – in effect since 1.1.2000
[3] Version dated April 1999

E. Vergleich DVFA-PPS[2] und GIPS[3]

GIPS	DVFA	Abweichungen	Anmerkungen
12.	3.1.1.		
12.a., 12.b.	3.1.2.		
12.c.	nv	Definition der Gesellschaft auf Basis der Base Currency von Portfolios in DVFA-PPS nicht möglich.	Ab 1.1.2005 auch in GIPS gestrichen.
13.c.	4.1.5.	DVFA-PPS erlauben non-compliant Daten nur als Zusatzinformation.	
15.	4.1.1.		
17.	4.1.2.		
17.	4.1.4.		
17.	4.1.7.		
19.	nv	Beziehung GIPS – nationale Standards. Übernahme nicht notwendig.	
20.	nv	Beziehung GIPS – nationale Standards. Übernahme nicht notwendig.	
21.	A.		
1.A.1.	1.1.1.		
1.A.2.	1.1.2.		
1.A.3.	1.1.3.	DVFA-PPS schreiben monatliche Bewertung vor. Bewertung bei jedem Cash Flow in DVFA-PPS als Empfehlung (1.2.1.).	In GIPS ab 1.1.2001 vorgesehen.
1.A.4.	1.2.2.	Trade Date Accounting in DVFA-PPS als Empfehlung.	In GIPS ab 1.1.2005 vorgesehen.
1.A.5.	1.1.4.		
1.A.6.	1.2.5.	Dividend Accruals in DVFA-PPS als Empfehlung.	In GIPS ab 1.1.2005 vorgesehen.
1.B.1.	1.2.3.		
2.A.1.	2.1.1.	GIPS beziehen sich nur auf "gains"; DVFA-PPS sprechen von "Kursgewinne und -verluste"	

[2] Version 2 – gültig ab 1.1.2000
[3] Version vom April 1999

GIPS	DVFA	Differences	Comments
2.A.2.	2.1.2.	Same-day weighting recommended in DVFA-PPS (2.2.1.)	In GIPS mandatory as of 1.1.2005.
2.A.3.	2.1.3.		
2.A.4.	2.1.4.	DVFA-PPS require monthly calculation of composite performance.	
2.A.4.	2.2.1.		
2.A.5.	2.1.5.		
2.A.6.	2.1.6.		
2.A.7.	3.5.11.		
2.B.1.	2.2.2.		
2.B.2.	1.2.1.	Consistent treatment of exogenous cash flows in DVFA-PPS not explicitly described.	New valuation should be made for each cash flow.
3.A.1.	3.5.1.		
3.A.2.	3.5.2.		
3.A.3.	3.5.3.	DVFA-PPS require assignment to composites in next period; exceptions possible.	
3.A.4.	3.5.4.		
3.A.5.	3.5.5.		
3.A.6.	3.5.12.		
3.A.7.	3.5.6.		Changes in GIPS as of 1.1.2005 not taken on.
3.A.8.	3.5.7.		
3.B.1.	3.6.1.		
3.B.2.	na	Assignment of portfolios to composites is fully covered regarding contents - > not necessary.	
4.A.1.	3.3.1.	DVFA-PPS additionally require consistent use of entity definition.	
4.A.10.	3.7.16.		
4.A.11.	3.7.17.		
4.A.12.	3.7.10.		

GIPS	DVFA	Abweichungen	Anmerkungen
2.A.2.	2.1.2.	Taggleiche Gewichtung in DVFA-PPS als Empfehlung (2.2.1.)	In GIPS ab 1.1.2005 vorgesehen.
2.A.3.	2.1.3.		
2.A.4.	2.1.4.	DVFA-PPS fordern monatliche Berechnung der Compositeperformance.	
2.A.4.	2.2.1.		
2.A.5.	2.1.5.		
2.A.6.	2.1.6.		
2.A.7.	3.5.11.		
2.B.1.	2.2.2.		
2.B.2.	1.2.1.	Konsistente Behandlung von externen Cash Flows in DVFA-PPS nicht explizit beschrieben.	Es soll bei jedem Cash Flow neu bewertet werden.
3.A.1.	3.5.1.		
3.A.2.	3.5.2.		
3.A.3.	3.5.3.	DVFA-PPS fordern Zuordnung zu Composites grundsätzlich in nächster Periode, Abweichungen sind möglich.	
3.A.4.	3.5.4.		
3.A.5.	3.5.5.		
3.A.6.	3.5.12.		
3.A.7.	3.5.6.		Änderung der GIPS ab 1.1.2005 nicht übernommen.
3.A.8.	3.5.7.		
3.B.1.	3.6.1.		
3.B.2.	nv	Zuordnung von Portfolios zu Composites ist inhaltlich voll abgedeckt -> nicht notwendig.	
4.A.1.	3.3.1.	DVFA-PPS fordern zusätzlich die konsistente Anwendung der Firmendefinition.	
4.A.10.	3.7.16.		
4.A.11.	3.7.17.		
4.A.12.	3.7.10.		

GIPS	DVFA	Differences	Comments
4.A.13.	na	Not necessary since differences between DVFA-PPS vs. GIPS will be announced by the Commission.	
4.A.13.	4.1.6.	DVFA-PPS require that compliance with the Standards must not conflict with laws or regulations.	
4.A.14.	4.1.5.		
4.A.15.	3.5.6.		
4.A.2.	3.3.4.		
4.A.3.	3.3.3.		
4.A.4.	3.5.10	DVFA-PPS require disclosure of the method used in determining the point of time of transactions.	
4.A.5.	3.5.11.		
4.A.6.	3.5.9.	DVFA-PPS additionally require disclosure of the composite's source and type of currency.	
4.A.7.	3.7.11.		
4.A.8.	3.7.9.		
4.A.9.	3.7.12.		
4.B.1.	3.8.9.		
4.B.2.	3.7.14.	In DVFA-PPS defined as guideline.	
4.B.3.	3.8.2.		
4.B.4.	3.8.3.		
4.B.5.	3.4.1.		
5.A.1.a.	3.7.1.		
5.A.1.b.	3.7.2.		
5.A.1.c.	3.7.3.	DVFA-PPS refer to calendar years, GIPS to "period".	
5.A.1.d.	3.7.4.		
5.A.1.e.	3.7.5.		
5.A.1.f.	3.7.6.		
5.A.2.	4.1.5.		
5.A.3.	3.7.2.		
5.A.4.	3.7.7.		
5.A.5.	3.7.8.		

GIPS	DVFA	Abweichungen	Anmerkungen
4.A.13.	nv	Nicht notwendig, da Unterschiede DVFA-PPS vs. GIPS von Kommission veröffentlicht werden.	
4.A.13.	4.1.6.	DVFA-PPS fordern, daß Einhaltung der Standards nicht im Widerspruch zu Gesetzen und Vorschriften sein darf.	
4.A.14.	4.1.5.		
4.A.15.	3.5.6.		
4.A.2.	3.3.4.		
4.A.3.	3.3.3.		
4.A.4.	3.5.10.	DVFA-PPS fordern in jedem Fall den Ausweis der Methode zur zeitlichen Erfassung von Transaktionen.	
4.A.5.	3.5.11.		
4.A.6.	3.5.9.	DVFA-PPS fordern zusätzlich den Ausweis der Devisenkursquelle sowie die Bewertungswährung des Composites.	
4.A.7.	3.7.11.		
4.A.8.	3.7.9.		
4.A.9.	3.7.12.		
4.B.1.	3.8.9.		
4.B.2.	3.7.14.	In DVFA-PPS als Richtlinie formuliert.	
4.B.3.	3.8.2.		
4.B.4.	3.8.3.		
4.B.5.	3.4.1.		
5.A.1.a.	3.7.1.		
5.A.1.b.	3.7.2.		
5.A.1.c.	3.7.3.	DVFA-PPS sprechen von Kalenderjahren, GIPS von "period".	
5.A.1.d.	3.7.4.		
5.A.1.e.	3.7.5.		
5.A.1.f.	3.7.6.		
5.A.2.	4.1.5.		
5.A.3.	3.7.2.		
5.A.4.	3.7.7.		
5.A.5.	3.7.8.		

GIPS	DVFA	Differences	Comments
5.A.6.	3.7.13.	DVFA-PPS additionally require disclosure of the liquidity distribution method.	
5.A.7.	3.7.15.		
5.B.1.a.	3.8.1.		
5.B.1.b.	3.8.4.		
5.B.1.c.	3.8.5.		
5.B.1.c.	3.8.6.		
5.B.1.d.	3.8.7.		
5.B.1.e.	3.8.8.		
5.B.2.	3.8.7.		
na	3.1.3.	Presentation by consolidated entities possible in DVFA-PPS.	
na	3.2.1.	DVFA-PPS define "managed assets".	
na	4.1.3.	DVFA-PPS state explicitly that compliance with the Standards can only be claimed for the entity.	
na	4.1.6.	DVFA-PPS state that compliance with the Standards may not conflict with any laws or regulations.	Similar to GIPS 20.
na	1.2.4.	DVFA-PPS recommend consistent exchange rate valuation.	
na	3.5.8.	Guideline on presentation of consolidated entities.	Not considered in GIPS.
na	3.3.2.	DVFA-PPS require disclosure on scope of compliance with the Standards.	
na	3.6.2.	DVFA-PPS allow removal of portfolios from composites in the case of significant exogenous cash flows.	
A.1.	4.2.1.		
na	4.2.2.	Definition of the person who may conduct the verification in DVFA-PPS.	
A.3.	4.2.4		
A.4.	4.2.6.		
A.5.	4.2.7., 4.2.8.		
A.6.	na	Use of previous audits in DVFA-PPS not explicitly defined.	

GIPS	DVFA	Abweichungen	Anmerkungen
5.A.6.	3.7.13.	DVFA-PPS fordern zusätzlich den Ausweis der Methode zur Verteilung der Liquidität.	
5.A.7.	3.7.15.		
5.B.1.a.	3.8.1.		
5.B.1.b.	3.8.4.		
5.B.1.c.	3.8.5.		
5.B.1.c.	3.8.6.		
5.B.1.d.	3.8.7.		
5.B.1.e.	3.8.8.		
5.B.2.	3.8.7.		
nv	3.1.3.	Präsentation zusammengefaßter Einheiten in DVFA-PPS möglich.	
nv	3.2.1.	DVFA-PPS definieren "verwaltetes Vermögen".	
nv	4.1.3.	DVFA-PPS formulieren ausdrücklich, daß die Standards nur von der gesamten Einheit eingehalten werden können.	
nv	4.1.6.	DVFA-PPS formulieren, daß Einhaltung der Standards nicht im Widerspruch zu Gesetzen stehen darf.	Ähnlich GIPS 20.
nv	1.2.4.	DVFA-PPS empfehlen eine konsistente Devisenkursbewertung.	
nv	3.5.8.	Richtlinie zur Präsentation zusammengefaßter Einheiten.	In GIPS nicht vorgesehen.
nv	3.3.2.	DVFA-PPS fordern Ausweis des Umfanges der Einhaltung der Standards.	
nv	3.6.2.	DVFA-PPS erlauben Herausnahme von Portfolios aus Composites bei erheblichen exogenen Mittelbewegungen.	
A.1.	4.2.1.		
nv	4.2.2.	Definition der Person, die Verification durchführen darf in DVFA-PPS.	
A.3.	4.2.4.		
A.4.	4.2.6.		
A.5.	4.2.7., 4.2.8.		
A.6.	nv	Verwendung vorheriger Prüfungen in DVFA-PPS nicht explizit formuliert.	

GIPS	DVFA	Differences	Comments
A.7.	4.2.		
na	4.2.5.		
na	4.2.9.	Formulation of DVFA-PPS verification report.	
III.B.1.A.	4.3.1.1.		
III.B.1.B.	4.3.1.2.		
III.B.1.C.	4.3.1.2.		
III.B.1.D.	4.3.1.3.	Expanded according to DVFA-PPS specifications.	
III.B.1.E.	4.3.1.4.		
III.B.2.A.	4.3.2.2.		
na	4.3.2.1.	Similar to GIPS A.1.	
III.B.2.B.	4.3.2.3.		
III.B.2.C.	4.3.2.5.		
III.B.2.D.	4.3.2.4.		
III.B.2.E.	4.3.2.6.		
na	4.3.2.7.	Verification of portfolio performance calculation not in GIPS.	
III.B.2.F.	4.3.2.8.		
III.B.2.G.	4.3.2.9.		
III.B.2.H.	4.3.2.10., 4.3.2.11.		

GIPS	DVFA	Abweichungen	Anmerkungen
A.7.	4.2.		
nv	4.2.5.		
nv	4.2.9.	Formulierung der DVFA-PPS-Bestätigung.	
III.B.1.A.	4.3.1.1.		
III.B.1.B.	4.3.1.2.		
III.B.1.C.	4.3.1.2.		
III.B.1.D.	4.3.1.3.	Ergänzt um DVFA-PPS-Spezifika.	
III.B.1.E.	4.3.1.4.		
III.B.2.A.	4.3.2.2.		
nv	4.3.2.1.	Ähnlich GIPS A.1.	
III.B.2.B.	4.3.2.3.		
III.B.2.C.	4.3.2.5.		
III.B.2.D.	4.3.2.4.		
III.B.2.E.	4.3.2.6.		
nv	4.3.2.7.	Prüfung der Berechung der Portfolio-Performance nicht in GIPS.	
III.B.2.F.	4.3.2.8.		
III.B.2.G.	4.3.2.9.		
III.B.2.H.	4.3.2.10., 4.3.2.11.		

F. DVFA-Kommission für Performance Presentation Standards / DVFA Commission for Performance Presentation Standards

Zuständiges DVFA-Vorstandsmitglied /
Responsible Member of the DVFA Board of Directors:

Hans-Dieter Runte, Frankfurt-Trust Investment-Gesellschaft mbH

Vorsitzender /
Chairman:

Dr. Carsten Wittrock, zeb/rolfes.schierenbeck.associates gmbh

Projektsekretariat und Sprecher der Arbeitsgruppen /
Project Secretary and Speaker of the Working Groups:

Bernd R. Fischer, Ph.D., Dresdner Bank AG
Jörg Lilla, BHF-BANK AG

Mitglieder der Kommission /
Members of the Commission:

Peter Albrecht, CEFA	DEVIF Deutsche Gesellschaft für Investment-Fonds GmbH
Ralf E. Bendheim	Deutscher Investment-Trust Gesellschaft für Wertpapieranlagen mbH
Wolfgang Block	Oppenheim Investment Gruppe
Patrik Bremerich	RMC Risk-Management-Consulting GmbH
Dr. Norbert Brühl	WEDIT Deloitte & Touche
Mario Chlebowy	Siemens Kapitalanlagegesellschaft mbH
Thomas Dahle, CEFA	Lazard Asset Management GmbH
Jürgen Eden	SüdKA SüdKapitalanlagegesellschaft mbH
Rainer Fabian	BASF Pensionskasse
Alexander Helmes	Basler Versicherungsgesellschaft
Andreas Hilka	Hoechst AG
Karl-Alwin Hiller	DWS Investment GmbH
Dr. Bernd Hübinger	Deutscher Investment-Trust Gesellschaft für Wertpapieranlagen mbH
Herbert Jobelius	DPG Deutsche Performancemessungs-Gesellschaft für Wertpapierportfolios mbH
Dr. Friedhelm Kläs	WEDIT Deloitte & Touche
Peter Klings	Commerzbank Investment Management GmbH

Ernst Knobelspieß	UNION-Investment-Gesellschaft mbH
Michaela Krahwinkel	Deutsche Asset Management Investmentgesellschaft mbH
Michael Lange	Metzler Investment GmbH
Prof. Dr. Otto Loistl	Wirtschaftsuniversität Wien
Dr. Gisela Loos	Allfonds International Asset Management GmbH
Dr. Carsten Lüders	Bundesverband Deutscher Investment-Gesellschaften e.V.
David Mark	The World Markets Company GmbH
Anja Mikus	Allianz Kapitalanlagegesellschaft mbH
Dr. Matthias Pfeiffer	DIM Deka Investment Management GmbH
Hans G. Pieper	DPG Deutsche Performancemessungs-Gesellschaft für Wertpapierportfolios mbH
Hans-Jürgen Reinhart	RMC Risk-Management-Consulting GmbH
Martin Schau	BfG Investment-Fonds Gesellschaft mbH
Dr. Andreas Schmidt-von-Rhein	Sal. Oppenheim jr. & Cie.
Jutta Sebastian	DIM Deka Investment Management GmbH
Annke von Tiling	PwC Deutsche Revision Aktiengesellschaft Wirtschaftsprüfungsgesellschaft
Mathias Turra, CEFA	Commerzbank AG
Jürgen Wetzel	Bankgesellschaft Berlin Investment GmbH
Annette Wiewrodt, CEFA	SGZ-Bank AG
Frank Wolfert	Allfonds International Asset Management GmbH

Kurzprofil der DVFA
Introduction to DVFA

DVFA:
Quality and Integrity in the Euro Capital Market

DVFA – Deutsche Vereinigung für Finanzanalyse und Asset Management – is the German Society of Investment Analysts and Asset Managers.

Investment professionals are challenged to stay current with the dynamics of innovative technologies, instruments, methodologies and business practices in an interdependent and volatile global financial market. Compliance with professional quality standards requires professional conduct in line with international standards, ethical integrity and continuous training and education.

DVFA's services and programs assist its members in complying with this standard of professional excellence in day-to-day business. The growing number of young, highly-qualified professionals joining the Society underlines the importance of DVFA membership as *the* mark of professionalism.

At present, more than 1,100 professionals belong to our Society. They are employed at roughly 400 investment firms, banks, asset management firms and investment counseling businesses. With investment decisions involving approx. 2.8 trillion Euro per year, they form the network of professional intermediaries in the capital markets.

DVFA:
Qualität und Integrität im Euro-Kapitalmarkt

Die DVFA – Deutsche Vereinigung für Finanzanalyse und Asset Management e.V. – ist der Berufsverband der Kapitalmarktexperten.

Global vernetzte Finanzmärkte erhöhen die Anforderungen an die Professionalität der in diesen Märkten tätigen Berufsangehörigen. International geltende Berufsgrundsätze, die Qualifikation durch berufsspezifische und praxisnahe Weiterbildung sowie die Zugehörigkeit zu dem Berufsverband DVFA bilden einen anerkannten Qualitätsausweis. Der unverminderte Zuwachs an qualifizierten Neumitgliedern unterlegt diese stetig steigende Bedeutung überprüfbarer Professionalität.

Die über 1.100 persönlichen DVFA-Mitglieder sind bei rund 400 nationalen und internationalen Investmenthäusern, Banken sowie Fonds- und Asset Management-Gesellschaften tätig. Sie wirken bei Anlageentscheidungen in Höhe von ca. DM 5,5 Billionen p.a. entscheidend mit und bilden somit das Netzwerk der maßgeblichen professionellen Multiplikatoren im Kapitalmarkt.